작지만 강한 나라

아일랜드

켈트인의
역사와 문화를 찾아서

한일동 hid27@unitel.co.kr

연세대학교 대학원 영어영문학과 졸업 후 육군 중위로 임관하여 육군 제3사관학교 교수로 군복무를 마치고, 단국대학교 대학원 영어영문학과에서 영문학 박사 학위를 취득한 뒤, 1987년 3월에 용인대학교에 부임하여 현재는 용인대학교 영어과 정교수로 재직하고 있다. 2001년에는 아일랜드 Trinity College Dublin에서 객원교수를 지냈고, 한국예이츠학회 회장, 한국동서비교문학학회 회장, 한국현대영미어문학회 회장, 한국번역학회 회장 등 다수 학회 임원을 역임했다. 교내에서는 용인대학교 교육방송국 주간, 대학신문사 주간, 입학관리부장, 교양과정부장, 국제교육원장, 신문방송국장, 경영행정대학 학장 등을 역임했다. 연구 업적으로는『영국: 앵글로색슨인의 역사와 문화를 찾아서(저서)』,『영국 역사(저서)』,『영국 문화(저서)』,『아일랜드: 수난 속에 피어난 문화의 향기(저서)』,『영미 노벨문학 수상작가론(저서)』,『한일동 교수의 세계의 명시산책(편저서)』,『우리 아들과 딸이 사랑에 눈뜨던 날(편저서)』,『행복한 삶을 위한 명상(역서)』,『더블린 사람들(역서)』,『예이츠의 문학적 이상(논문)』 등 다수가 있다.

작지만 강한 나라
아일랜드 켈트인의 역사와 문화를 찾아서

초판 1쇄 발행일 2018년 9월 5일
한일동 지음

발행인	이성모
발행처	도서출판 동인
주 소	서울시 종로구 혜화로3길 5 118호
등 록	제1-1599호
TEL	(02) 765-7145 / FAX (02) 765-7165
E-mail	dongin60@chol.com
ISBN	978-89-5506-789-7
정 가	16,000원

작지만 강한 나라

아일랜드

켈트인의
역사와 문화를 찾아서

한일동 지음

도서출판 ┃동인

이 책을 아일랜드를 사랑하는 모든 분께 바칩니다.

한때 '유럽의 등불' 역할을 하던 아일랜드가 조용하던가 싶더니 새 천 년에 들어 다시 용틀임하고 있다. 필자는 '작지만 강한 나라'로 부상하여 전 세계인의 이목을 끌고 있는 이 나라를 알리고 싶은 작은 소망에서 이 책을 썼다.

아일랜드가 배출한 위대한 시인 예이츠와 더불어 근 40년을 지내다 보니 이제 제법 아일랜드와 친해졌다. 2001년에는 꿈에도 그리던 아일랜드의 트리니티대학에서 1년 동안 객원교수로 머물면서 아름다운 아일랜드의 곳곳을 둘러볼 기회도 가졌다. 오래전부터, 무한한 잠재력을 지녔지만 이제껏 제대로 소개된 적이 없는 이 나라에 관해 뭔가를 쓰고 싶었지만, 차일피일 미루다가 이제야 용기를 냈다. 하지만 부족한 점이 많아 부끄러울 뿐이다. 독자들의 따가운 질책을 달게 받을 마음의 준비가 단단히 되어있다.

이 책은 깊이가 있는 전공 서적이 아니다. 그저 아일랜드에 호기심이 있는 독자들을 위한 입문서일 뿐이다. 따라서 필자는 아일랜드의 역사, 정치, 경제, 사회, 문화 등에 관해 가급적 쉽고 간결하게 서술하고자 했다. 우리 사회의 각 부문에서 아일랜드에 대한 관심이 다시 일고 있는 요즈음, 이 책이 아일랜드와 친해질 수 있는 길라잡이 역할을 해주길 바란다.

전통적으로 농업과 목축에 의존하던 아일랜드가 지난 반세기 동안 정보통신·소프트웨어·반도체·컴퓨터·제약·의학·생명공학 분야에서 일궈낸 고도성장의 결과, 이른바 '켈틱 타이거'라 불리면서 전 세계인의 부러움을 샀다. 하지만 2008년 9월 미국 금융회사 리먼 브라더스 파산의 여파로 금융위기가 터지자, 개방·수출 경제의 부작용으로 글로벌 금융위기의 희생양이 됐다. 급기야 2010년에는 국제통화기금(IMF), 유럽중앙은행(ECB), 유럽연합(EU)으로부터 총 850억 유로의 구제금융을 받는 수모를 당하기도 했다. 하지만 아일랜드는 그로부터 3년 뒤 구제금융의 악몽을 완전히 떨쳐내고, 현재는 유럽에서 가장 높은 경제 성장률을 자랑하며 '켈틱 타이거 2.0'으로 부활하여 다시 포효하고 있다.

2008년 초판이 나온 이후 이 책은 아일랜드를 사랑하는 독자들의 사랑을 듬뿍 받아 그동안 총 4판이 출간되었다. 따라서 필자는 출간 10주년을 맞아 독자들의 성원에 보답하고 미진한 부분을 보완하기 위해, 지난 2017년 아일랜드를 다시 방문하여 자료 준비 및 개정판 집필에 착수했다.

개정판 집필에 꼬박 1년의 세월을 연구실에서 보냈다. 그동안 많은 시간을 함께하지 못해도 아무런 불평 없이 내조해준 아내 혜경이, 아들 성환이, 며늘아기 선영이, 그리고 무엇보다도 이 세상에 태어나서 우리 가족에게 행복을 듬뿍 안겨준 손자 재영이에게 사랑과 함께 고마운 마음을 전한다. 또한, 교정의 수고를 아끼지 않은 제자 염혜원 박사와 바쁜 와중에도 정성껏 이 책을 만들어주신 도서출판 동인의 이성모 대표님 및 편집진 여러분께 깊은 감사를 드린다.

2018년 9월
부아산자락 연구실에서
한일동

차례

영국과 아일랜드 지도

아일랜드 지도

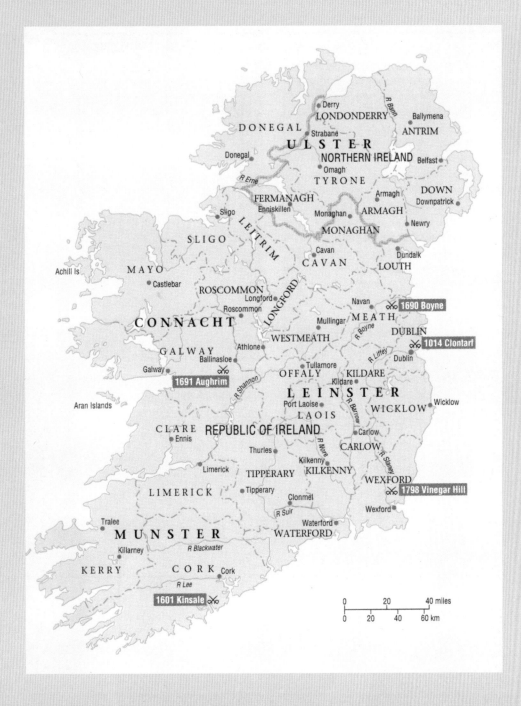

남아일랜드의 일반 현황

공식 명칭	아일랜드 공화국(The Republic of Ireland), 아일랜드(Ireland), 에이레(Eire)
수도	더블린(Dublin)
주요 도시	더블린(Dublin), 코크(Cork), 골웨이(Galway), 리머릭(Limerick)
면적	70,282km²
인구	460만 명
기후	온화함
화폐	유로(Euro)화
인종	켈트족(99%)과 유대인, 인도인, 중국인 등의 소수 민족(1%)
가족 규모	가구당 평균 2.11명이며, 자녀 수는 평균 1.9명
공용어	아일랜드어(Irish, Gaelic)와 영어(English)
종교	가톨릭 90%, 신교 3%, 기타 7%
지역	26개 주(County)
주요 항구	더블린(Dublin) 항, 코크(Cork) 항
주요 공항	더블린(Dublin) 공항, 섀넌(Shannon) 공항
시차	우리나라보다 9시간 늦음
국제전화코드	00 353
전기	220볼트/50사이클
주요 신문	「아이리시 타임스(The Irish Times)」, 「아이리시 인디펜던트(The Irish Independent)」
텔레비전 채널	RTE1(영어 방송), RTE2(Network2, 영어 방송), TG4(아일랜드어 방송), TV3(상업 방송)
라디오 채널	Radio1(영어 방송), Radio2(영어 방송), Lyric FM(FM3, 영어 음악 방송), Radio na Gaeltachta(아일랜드어 방송)
국가의 상징	샴록(Shamrock, 세 잎 클로버), 하프(Harp), 초록색(Green)
국기	초록색(Green), 흰색(White), 주황색(Orange)으로 된 3색 기

에메랄드빛 아일랜드

유럽 대륙의 서쪽 끝자락에 붙어 있는 섬나라 아일랜드, 근 750년 동안 영국의 식민통치를 받은 아일랜드, IT 강국이자 글로벌 기업들을 대거 유치하고 있는 '작지만 강한 나라' 아일랜드. 2004년 영국의 경제전문지 『이코노미스트*The Economist*』는 세계 111개 나라 가운데 아일랜드를 '세계에서 가장 살기 좋은 나라'로 선정했다. 낮은 실업률, 높은 경제성장, 정치적 안정, 가정생활 등이 전통적 가치와 성공적으로 조화를 이룬 나라라는 이유에서다. 반면에 아일랜드를 거의 750년 동안 식민통치했던 영국은 29위를 차지했다. 유럽의 최빈국이 불과 20년 만에 고도성장을 통해 후진국에서 선진국으로 도약하고, 1인당 국민소득 5만 달러를 달성하여 영국을 앞지른 과정은 가히 '리피강(Liffey River: 더블린 시내를 가로지르는 강)의 기적'이라 할 만하다 (주간조선 15).

21세기에 들어 한국에서도 '아일랜드 따라 배우기'가 한창이다. 신문과 잡지는 물론이고 텔레비전에서도 아일랜드를 다루는 특집 프로가 부쩍 늘었다. 교육계에서는 유연하고 개방적인 사고思考를 지닌 엘리트 양성을 통해 부강해진 아일랜드를 벤치마킹 대상으로 삼아야 한다고 역설한다. 경제계에서는 개방적인 외자 유치 정책과 노사정勞使政 화합에 기초한 유연하고 실용적인 아일랜드 경제성장의 비결을 배워야 한다고 주장한다. 지금 아일랜드는 '켈틱 타이거(Celtic Tiger: 켈틱 호랑이, 때로는 'Emerald Tiger'라고도 하며, 미국의 투자은행 모건 스탠리가 아일랜드의 경이적인 경제 발전을 아시아의 한국, 대만, 싱가포르, 홍콩을 지칭하는 '네 마리 용'에 비유한 데서 유래한 말)'의 등에 올라 유례없는 경제 호황과 물질적 풍요를 누리고 있다. 이 때문에 아일랜드식 모델에 대한 동경의 물결이 우리 사회에도 일렁이고 있다(송현옥). 과거에는 '유럽의 인도'로, 최근에는 '작지만 강한 나라'로 부상하여 전 세계인의 이목耳目을 끌고 있는 아일랜드는 과연 어떤 나라인가?

우리가 보통 '그레이트 브리튼Great Britain'이라고 말할 때, 여기에는 '잉글랜드 England', '스코틀랜드Scotland', 그리고 '웨일스Wales'가 포함되고, '연합 왕국The United Kingdom'이라고 말할 때에는 '잉글랜드', '스코틀랜드', '웨일스', 그리고 '북아일랜드 Northern Ireland'를 합쳐서 지칭하는 것이다. 따라서 영국의 정식 영어 명칭은 'The United Kingdom of Great Britain and Northern Ireland'이다. 그러나 보통 줄여서 편하게 'GB' 또는 'UK'라고 한다. 아일랜드는 영국 바로 옆에 있는 섬나라로 1949년 영국으로부터 완전히 독립했다. 하지만 북아일랜드는 지금도 여전히 영국령으로 남아있다. 우리가 '아일랜드', '아일랜드 공화국', '에이레', '애란' 등으로 부르는 나라의 정식 영어 명칭은 'The Republic of Ireland'이며, 보통 줄여서 'Ireland' 또는 'The Republic'이라고 한다. 한편, 로마인이 부른 라틴어 명칭은 '하이버니아(Hibernia: 'The Land of Winter'라는 뜻)'이고, 아일랜드의 옛 영어 명칭은 '투아하 데 다난족(Tuatha de Danaan: Danu 여신의 부족)'의 여왕이었던 'Eriu'에서 유래한 'Eire' 또는 'Erin'이다.

아일랜드 국기國旗는 흰 바탕에 폭이 같은 초록Green, 하양White, 주황Orange의 세 가지 색이 세로로 그려져 있으며, 초록색은 가톨릭과 남아일랜드를, 주황색은 신교와 북아일랜드를, 흰색은 두 종교 집단의 화합을 상징한다.

아일랜드는 초록의 나라이다. 국토에서부터 국기, 스포츠 의상, 심지어 전화 부스까지도 온통 초록이다. 따라서 아일랜드의 상징색은 '초록색Green'이며, 아일랜드를 '에메랄드 섬Emerald Isle' 또는 '에메랄드빛 아일랜드'라고도 한다. 또 다른 상징은 '하프Harp'와 '세 잎 클로버'이다. 세 잎 클로버는 영어로 '샴록Shamrock'이라고 하는데, 이는 아일랜드가 가톨릭 국가라서 성자, 성부, 성신의 삼위일체를 뜻한다.

아일랜드의 신화적 상징들

샴록(The Shamrock)

샴록은 아일랜드어 'seamróg'에서 유래한 세 잎 클로버, 즉 토끼풀이다. 이는 아일랜드의 국화(國花)이자 상징으로 아일랜드의 상징물 중 가장 오랜 역사를 지니고 있다. 성 패트릭이 기독교로 개종한 지 얼마 되지 않은 부족장들에게 기독교의 '삼위일체론(The Holy Trinity: 성부, 성자, 성신)'을 설명하기 위해 사용하였다. 성 패트릭스 데이(St. Patrick's Day)에 전 세계 곳곳에서 볼 수 있다.

켈틱 하이 크로스(The Celtic High Cross)

켈트인은 기독교의 성공적 보급을 자축하고, 무지한 대중의 전도와 교육을 위해 갖가지 형태의 조각들이 새겨진 석조 켈틱 하이 크로스를 아일랜드의 곳곳에 세웠다. 이는 원형의 돌 장식으로 둘러싸인 십자가로, 십자가는 기독교를 상징하고, 원형의 돌 장식은 켈트족의 이교 신앙을 상징한다. 또한, 동쪽 면에는 구약성경의 내용이, 서쪽 면에는 신약성경의 내용이 다양한 종류의 문양과 형태로들 새겨져 있다. 서쪽 면 중앙에는 십자가에 못 박힌 예수의 형상이 우주(이교 신앙, 태양숭배)를 상징하는 원형의 돌 장식으로 에워싸여 있다.

레프러콘(The Leprechaun)

탐욕스러운 인간의 눈을 피하고자 보물이나 금이 들어 있는 항아리를 지키는 장난꾸러기 요정 레프러콘은 켈트 시대 이전부터 존재했다. 21세기 오늘날에도 아일랜드인은 이들의 존재를 믿고 있으며, 시골 지역에서는 이들이 쉴 수 있도록 자신의 집 앞에 조그만 '요정의 집'을 만들어주거나 도로상에 요정이 건너갈 수 있도록 '요정의 길'을 마련해주기도 한다.

하프(The Harp)

영혼 불멸을 상징하는 아이리시 하프는 아일랜드어 'clarsach'에서 유래하며, 영국의 헨리 8세 이후에 영국의 통치에 항거하는 아일랜드의 상징이 되었다. 하프는 켈트 시대 왕실에서 가장 인기 있는 악기였으며, 눈이 먼 하프 연주자는 사회적 지위에 있어서 족장, 음유시인(bard) 다음이었다. 전시에는 보석으로 장식한 특별한 하프를 사용했는데, 이때 하프는 적진에 뛰어드는 병사들을 응원하는 역할을 했다. 하프는 영국으로부터 독립을 쟁취하기 위한 봉기 때 자주 사용했기 때문에 영국 왕실은 이의 사용을 금지했으며, 이후로 예전과 같은 영향력을 회복하지 못하고 주로 국가의 상징으로 이용되고 있다.

클라다링(The Claddagh Ring)

클라다링은 왕관(충성을 상징함)을 쓴 하트(사랑을 상징함)를 양손(우정을 상징함)으로 받치고 있는 아이리시 전통문양으로 약혼반지, 우정반지 등의 징표로 사용되고 있다. 로마 시대 결혼식에서 착용한 '신뢰의 반지'로부터 유래하며, 17세기에 아일랜드의 골웨이 주(州) 어촌 마을에서 맨 처음 만들어진 것으로 알려져 있다. 이 반지가 유행하게 된 것은 비교적 최근의 일이며, 특히 미국 거주 아이리시 이민자들 사이에서 아이리시 혈통을 자연스럽게 드러내기 위해 유행하고 있다.

서유럽의 끝자락에 붙어 있는 멀고 먼 나라 아일랜드 하면, 흔히 사람들은 폭력과 유혈사태가 난무亂舞하는 이미지를 떠올리지만, 그것은 예전의 북아일랜드 모습이고, 남아일랜드(공식 명칭은 '아일랜드 공화국'이지만 이 책에서는 북아일랜드와 구별하기 위해 '남아일랜드'로 표기함)는 아마 이 세상에서 가장 평화롭고 아름다운 에메랄드빛 전원의 나라이다.

일찍이 아일랜드의 시인 윌리엄 버틀러 예이츠William Butler Yeats, 1865~1939는 그의 마음의 고향 '이니스프리 호수 섬The Lake Isle of Innisfree'을 그리워하며 다음과 같은 아름다운 시를 썼다.

이니스프리 호수 섬

나 이제 일어나 가련다 이니스프리로,
그곳에 흙과 윗가지 엮어
작은 오두막집 하나 짓고,
아홉이랑 콩밭 갈고 꿀벌 치면서,
꿀벌 소리 요란한 골짜기에 홀로 살리라.

그러면 다소간의 평화를 누리겠지,
평화가 아침의 장막으로부터
귀뚜라미 울어대는 곳까지
살포시 방울져 내릴 테니까.
그곳의 한낮은 자줏빛 광채,
저녁엔 홍방울새 날갯짓 소리 그득하고,
밤에는 온통 희미한 빛이어라.

나 이제 일어나 가련다,
밤이나 낮이나
호숫가에 찰싹이는
물결 소리 들리는 곳으로
지금도 한길가나 포도 위에 서 있노라면,
내 마음 깊은 곳에
그 소리 들리나니.

The Lake Isle of Innisfree

I will arise and go now, and go to Innisfree,
And a small cabin build there, of clay and wattles made:
Nine bean-rows will I have there, a hive for the honey-bee,
And live alone in the bee-loud glade.

And I shall have some peace there, for peace comes dropping slow,
Dropping from the veils of the morning to where the cricket sings;
There midnight's all a glimmer, and noon a purple glow,
And evening full of the linnet's wings.

I will arise and go now, for always night and day
I hear lake water lapping with low sounds by the shore;
While I stand on the roadway, or on the pavements grey,
I hear it in the deep heart's core.

길 호수(Lough Gill)에 있는 이니스프리 호수 섬 전경

번잡한 현대 문명과 세파에 찌든 불쌍하고 고달픈 현대의 영혼들이여! 문학과 음악 그리고 춤이 있는 문화의 고향 아일랜드로 오라. 그러면 아일랜드가 그대들의 가엾고 지친 영혼을 달래줄 것이니.

에메랄드빛 아일랜드섬은 서유럽의 끝자락 대서양 연안에 있으며, 전체 면적은 84,421제곱킬로미터이고, 이 중에서 남아일랜드가 섬의 83퍼센트를 차지한다. 남아일랜드의 인구는 460만이고 북아일랜드는 180만이다. 북아일랜드의 주도主都는 벨파스트Belfast이고, 남아일랜드의 수도는 제임스 조이스James Joyce의 작품 배경이 되는 더블린Dublin이다. 기후는 전형적인 해양성 기후로 여름 3개월을 제외하고는 비가 오고 바람이 부는 날이 많다. 일상 언어로는 그들의 토속 언어인 아일랜드어(Irish, Gaelic)와 영어를 공용어로 사용하고 있으며, 인종은 켈트족Celt이고, 종교는 주로 가톨릭Catholic이다.

우리 남한보다 작은 이 나라가 그토록 긴 세월 동안 처절한 고난과 시련을 겪어 왔고, 그들의 가슴속에는 아직도 풀리지 않는 한恨의 응어리가 자리하고 있다는 사실을 아는 이는 아마 별로 없을 것이다. 19세기의 아일랜드 역사가 윌리엄 리키William E. Lecky가 "인류 역사상 이들만큼 고난을 겪어온 민족은 일찍이 없었다"라고 말한 것처럼, 그들 자신을 '이 세상에서 가장 슬픈 나라'라고 불렀던 아일랜드인의 슬픔은 아일랜드가 영국 바로 옆에 있다는 지정학적인 사실로부터 기인할지도 모른다(박지향 31).

흔히 한국을 동양의 아일랜드라고 한다. 온갖 역경과 시련 속에서도 꿈을 잃지 않고 민족적 자부심과 고유한 민족문화를 지키며 사는 민족성이 유사한 점을 두고 하는 말 같지만, 사실은 외부 세력의 끊임없는 압박을 숙명처럼 받아들이며 살아온 역사 때문인지도 모른다.

유럽의 변방에 있는 아일랜드처럼 우리나라도 아시아의 동쪽 끝에 위치하며, 영국의 식민지였던 아일랜드처럼 우리도 일본의 식민지였다. 따라서 한국과 일본이 가장 가까우면서도 가장 먼 이웃이듯이, 아일랜드와 영국은 정말로 가깝고도

먼 이웃이다. 우리는 일제의 식민통치를 36년 동안 받았지만, 12세기 이래로 근 750년이라는 긴 세월을 영국의 식민통치를 받으며 살아온 아일랜드인의 역사를 생각한다면 그들의 슬픔과 시련이 어떠했겠는지 가히 짐작이 가고도 남는다. 특히 그들의 주식主食인 감자 잎마름병potato blight으로 인해 1845년부터 7년 동안 지속된 대기근The Great Famine, 1845~1851의 참혹한 역사는 인류 역사상 전무후무前無後無한 것이 었다. 해가 지지 않는 대영제국의 방치 아래 100만이라는 엄청난 인구가 굶주림에 지쳐 죽어갔고, 끝내는 수많은 아일랜드인이 배고픔을 견딜 수가 없어 미국, 영국, 캐나다, 호주, 뉴질랜드 등지로 떠나가는 배에 아무런 기약도 없이 몸을 내맡겼다. 이때 사랑하는 가족, 친지, 연인들을 부둥켜안고 흐느껴 울면서 불렀던 노래가 바로 <대니 보이(Danny Boy: 우리나라에서는 '아 목동아!'로 불리고 있음)>로, 이는 그들이 기쁠 때나 슬플 때 뼈아팠던 지난날을 회상하면서 애국가 다음으로 즐겨 부르는 노래이다.

〈대니 보이Danny Boy〉

〈대니 보이(Danny Boy)〉는 음악의 장르와 관계없이 전 세계적으로 가장 널리 불리는 민요 중 하나다. 우리나라의 중등 음악 교과서에 <아 목동아!>라는 제목으로 실려 있는 이 노래는, 서정적 선율의 아름다움뿐 아니라 가사의 의미도 누구나 공감하기 때문에 수많은 가수나 연주가가 부르거나 연주했으며, 변주가 가장 많은 노래 중 하나다. 1600년대에 파티에서 술에 취한 나머지 강변에 쓰러져서 잠을 자던 로리 오카한(Rory Dall O'Cahan)이라는 하피스트가 잠결에 요정들의 하프 연주 소리를 듣고 만들었다는 전설이 있다.

이 노래는 19세기 중엽부터 아일랜드 북부의 런던데리(Londonderry) 주(州)에서 불리던 북아일랜드의 전통 가락인 <Londonderry Air>가 원곡인데, 1913년 영국의 프레드릭 웨덜리(Frederic Edward Weatherly, 1848~1929)가 <Danny Boy>로 곡명을 바꿔 새로 가사를 쓰고, 아일랜드 출신의 저명한 테너 가수 존 맥코맥(John McComack)이 레코드로 취입함으로써 대중적인 인기곡이 되었다. 이 노래는 구슬픈 멜로디로 인해 미국의 가수 엘비스 프레슬리(Elvis Presley), 존 F. 케네디(John F. Kennedy) 대통령, 영국의 다이애나(Diana Frances Spencer) 황태자비 등의 장례식 곡으로도 사용된 바 있다.

우리 한민족이 반만년의 역사 동안 끊임없이 외세의 침략을 받으면서도 불요불굴의 저항정신과 '은근과 끈기'로 살아왔듯이, 아일랜드인도 한lamentation과 패배defeat와 실패failure로 점철된 역사로 인해 온갖 수난과 고통을 겪으면서도, 그들의 민족정기를 끝내 잃지 않고 문화 민족이 지녀야 할 민족적 자부심을 지켜왔다. 왜냐하면, 예이츠가 "세계의 정신사는 피정복 민족의 역사였다"라고 말한 것처럼, 물질적 실패는 정신의 승리를 의미하기 때문이다. 오늘날 그들이 '유럽의 인도'라 자부하면서 문화의 우수성을 전 세계에 과시할 수 있는 것도, 따지고 보면 이러한 한의 역사와 무관치 않을 것이다.

때로 사람들은 한국 사람이 라틴Latin족인 이탈리아 민족과 유사하다고 말한다. 그러나 노래 부르기를 좋아하는 것 말고는 사실상 두 민족 사이에는 닮은 점이 별로 없다. 오히려 한국 사람은 아일랜드 사람과 가장 비슷하다고 할 수 있다. 그러기에 한국인은 '아시아의 아일랜드인'이란 별명까지 얻었다. 자기 민족이야말로 이 세상에서 가장 순수하고 순결하며 뛰어나다고 믿는 맹목적 애국심, 자신들이 이 세상에서 가장 고난받은 민족이며 슬픈 민족이라고 생각하는 경향, 그리고 실제로 강대국 곁에서 겪어온 수난의 역사 등 아일랜드와 우리나라는 역사적으로나 정서적으로 닮은 점이 너무나도 많다(박지향 17).

아일랜드인과 한국인의 닮은 점

- 지정학적으로 강대국(영국, 일본) 옆에 있는 점
- 바다로 둘러싸인 작은 국토 면적(아일랜드섬 전체 면적은 남한 면적의 85% 정도)
- 강대국(영국, 일본)의 식민통치(아일랜드 750년, 한국 36년)를 받고 비교적 최근에 독립(아일랜드 1949년, 한국 1945년)한 점
- 수난의 역사와 한(恨)의 정서
- 강대국들에 의해 남(아일랜드, 한국)과 북(영국, 북한)으로 분단된 점

- 강대국의 핍박을 딛고 높은 경제성장을 이뤄낸 점(켈틱 타이거, 아시아의 용으로 비유됨)
- 이지적·이성적이라기보다 감성적·정감적이며 다혈질적인 민족
- 높은 교육열과 근면성
- 음주와 가무(歌舞)를 즐기는 점
- 예절을 중시하고 노인을 공경하는 대가족 전통
- 민족적 순수성과 높은 애국심
- 타인이나 이방인에 대한 호의적 태도

───────

그렇다. 아일랜드는 우리나라처럼 어둡고 슬픈 과거를 가진 나라이자 약함과 강인함, 순종과 저항정신을 동시에 지닌 모순덩어리의 나라, 가톨릭과 신교, 아일랜드어와 영어, 독립과 통합 사이에서 방황해온 양면적인 나라, '아일랜드, 아일랜드'인 것이다(아일랜드 드라마연구회 6).

아일랜드 인구의 대다수를 차지하는 켈트족은 매슈 아놀드Matthew Arnold, 1822~1888가 일찍이 지적했듯이, 본능과 상상력을 중시하는 정감적인 민족이다. 계절의 변화가 펼쳐주는 아름다운 자연을 벗 삼아 야생의 생활을 즐기면서, 먹고 마시고 이야기를 나누며, 춤추고 노래하기를 좋아하는 호탕한 기질을 지닌 민족이다. AD 431년 로마 교황이 파견한 선교사 팔라디우스Palladius에 의해 처음으로 기독교가 전파되고, 432년 아일랜드의 수호성인守護聖人 성 패트릭St. Patrick에 의해 수도원이 설립되어 본격적으로 기독교가 민중들 사이에 보급되기 이전까지, 그들은 삼라만상의 자연에 편재하는 정령과 영혼의 불멸성을 믿는 이교도들이었다.

수도원의 설립과 기독교의 보급은 켈트족의 찬란했던 과거 문화유산을 화려하게 꽃피우는 계기가 되었다. 수도원을 중심으로 수사修士들에 의해 민중들 사이에 구전口傳으로 전해지던 신화, 민담, 설화, 역사 등이 기록되어 널리 보급되고 보존되면서, 아일랜드는 유럽 정신문명의 진원지이자 유럽 문화의 중심 무대가 되었다. 따라서 당시 유럽 대부분 지역이 중세 암흑기로 접어들었지만, 유독 아일랜드만이

화려한 켈트 문화를 꽃피우며 '성자와 학자의 나라The Land of Saints and Scholars'로 널리 알려지게 되었다. 그뿐만 아니라 유럽의 거의 모든 국가가 로마의 침략을 받아 그들의 과거 문화유산이 대부분 소실되었지만, 다행스럽게도 아일랜드는 로마 제국의 손길이 미치지 않았기 때문에(날씨가 춥고 황량할 뿐 아니라 자원이 별로 없고 땅이 척박하다는 이유로), 찬란했던 고대 켈트 문화가 온전히 보존되고 전수되어 오늘날 그들의 문화유산(특히, 문학, 음악, 춤)을 전 세계에 뽐낼 수 있는 자산이 되고 있다.

이에 더해 아일랜드의 쓰라린 식민지 경험은 단순히 고난과 좌절의 체험담이나 슬픔의 역사로만 남아있지 않고 문화의 밀알로 씨 뿌려져, 수난 속에 피어난 문화의 향기와 열매로 자리매김했다(아일랜드 드라마연구회 5).

우선, 아일랜드는 문학 방면에서 조지 버나드 쇼George Bernard Shaw, 윌리엄 버틀러 예이츠William Butler Yeats, 사무엘 베케트Samuel Beckett, 셰이머스 히니Seamus Heaney와 같은 노벨 문학상 수상자를 위시하여, 조나단 스위프트Jonathan Swift, 오스카 와일드Oscar Wilde, 숀 오케이시Sean O'Casey, 존 밀링턴 싱John Millington Synge, 올리버 골드스미스Oliver Goldsmith, 제임스 조이스James Joyce, C. S. 루이스Clive Staples Lewis, 프랭크 오코너Frank O'Connor, 패트릭 카바나Patrick Kavanagh, 루이스 맥니스Louis MacNeice, 프랭크 맥코트Frank McCourt, 브라이언 프리엘Brian Friel, 로디 도일Roddy Doyle 등 세계 문학사에 빛나는 수많은 대문호를 배출함으로써 문학에 관한 한 타의 추종을 불허하고 있다.

다음으로, 음악 분야에서는 전통악기인 보란(bodhran: 염소 가죽으로 만든 드럼의 일종), 하프harp, 일리언 파이프(uilleann pipe: 백파이프의 일종), 피들(fiddle, 바이올린), 플루트flute, 페니 휘슬(penny(tin) whistle), 만돌린mandolin, 밴조banjo, 멜로디언(melodeon: 버튼 아코디언이라고도 함) 등으로 연주하는 민속 음악이 유명하고, 이러한 전통 때문에 아일랜드 출신의 가수들은 세계 음악계에서도 상당한 팬을 확보함으로써 주목을 받고 있다.

세계적으로 유명한 가수로는 영화 ≪반지의 제왕The Lord of the Rings≫에서 삽입곡 <되게 하소서May It Be>를 부른 엔야Enya를 비롯하여 밴 모리슨Van Morrison, 씬 리지Thin Lizzy, 메리 블랙Mary Black, 시네이드 오코너Sinead O'Connor, 다니엘 오도넬Daniel

O'Donnell, 데미안 라이스Damien Rice, 조 돌란Joe Dolan, 크리스티 무어Christy Moore 등이 있고, 대표적인 그룹으로는 클랜시 브라더스Clancy Brothers, 플랭스티Planxty, 무빙 하츠Moving Hearts, 퓨리스Fureys, 클래나드Clannad, 치프턴스The Chieftains, 크랜베리스The Cranberries, 더블리너즈The Dubliners, 코어스The Corrs, 보이존Boyzone, U2 등이 있다.

영화 ≪주홍글씨≫에서 여배우 故 이은주가 불러 국내에서 유명해진 <내가 잠잘 때뿐이지Only When I Sleep>가 바로 코어스의 노래이다. U2 그룹의 리드 싱어 보노Bono는 세계적 인권운동가이자 에이즈 퇴치 활동가로서, "우리는 모두가 평등할 때까지 아무도 평등하지 않다No one is equal until everyone is equal."라는 유명한 말을 남겼으며, 1999년 데뷔한 감미로운 목소리의 4인조 밴드 웨스트라이프Westlife도 모두 아일랜드 출신의 멤버들로 구성되어 있다.

마지막으로, 아일랜드의 전통춤으로는 네 쌍의 남녀가 함께 추는 '셋 댄스set dance'와 이 춤을 변형한 '케일리 댄스ceili(dh) dance'가 100년 이상 동안 인기를 누려오고 있다. 특히, 상체를 움직이지 않고 발만을 이용하여 추는 '스텝 댄스step dance'는 전 세계적으로 유명한데, 근래는 브로드웨이Broadway와 접목을 시도함으로써 상업화에도 성공했다. 그중에 우리나라에서도 공연된 바 있는 '스피릿 오브 댄스Spirit of the Dance', '로드 오브 댄스Lord of the Dance', '리버댄스Riverdance' 등은 보는 이들에게 신선한 충격과 함께 감동을 주고 있다.

강과 산, 바다와 호수로 어우러져 늘 에메랄드빛을 발하는 아름다운 나라 아일랜드. 현대 문명의 숨 가쁜 소용돌이 속에서도 시간의 흐름을 저리하고 사색과 명상을 즐기며 유유자적悠悠自適의 삶을 살아가는 마음이 풍요로운 사람들. '펍(Pub, Public House, Public Living Room)'에 둘러앉아 기네스Guinness 맥주를 마시면서 이야기 나누기를 좋아하고, 문학과 음악, 춤과 스포츠에 취해서 살아가는 순진무구純眞無垢하고 정겨운 사람들. 물질 만능의 어지러운 세상이 중심을 잃고, 파멸의 막다른 골목과 늪을 향하여 줄달음칠 때에도, 에메랄드빛 아일랜드는 영원하리라.

아일랜드의 자연환경

국토

아일랜드의 풍경은 문학, 음악, 그리고 회화에서 언제나 아일랜드인의 영혼에 깊은 영향을 미쳐왔다. 오래전에 아일랜드를 떠난 이들은 늘 이 '초록의 땅'에 대한 그리움과 향수를 간직한 채 살아가고 있으며, 아일랜드를 방문하는 이들은 시시각각으로 변하는 이 나라의 산과 바다, 강과 호수, 그리고 날씨를 체험하고픈 기대와 열망에 차서 온다. 뭉게구름 두둥실 춤을 추는 하늘 아래 젖소와 양 떼들이 유유히 풀을 뜯는 에메랄드빛 평원, 기암절벽의 웅장한 해안선, 강과 호수에서 한가하게 낚시를 드리우는 강태공의 모습과 구름 낀 날의 엄숙한 색조 등은 이 나라만이 줄 수 있는 천혜天惠의 선물이다.

아일랜드는 유라시아Eurasia 대륙의 북서쪽에 있는 섬나라로, 서쪽과 북쪽 해안은 대서양에 노출되어 있고, 동쪽은 아일랜드 해Irish Sea, 남쪽은 켈트 해Celtic Sea와 접해 있다. 그리고 스코틀랜드와 북아일랜드 사이의 좁은 바다는 노스 해협North Channel, 아일랜드의 남동쪽과 웨일스 사이의 좁은 바다는 성 조지 해협St. George's Channel이라 불린다. 섬의 전체 면적은 84,421km²로 남한 면적의 약 85%이다. 이

아일랜드의 풍경

중에서 북아일랜드가 14,139km²이고, 남아일랜드는 70,282km²이며, 남북의 길이는 500km이고, 동서의 길이는 300km이며, 해안선의 총 길이는 5,630km이다(이승호 21-22).

아일랜드섬은 전통적으로 렌스터Leinster, 얼스터Ulster, 코노트Connaught, 먼스터Munster의 4개 지역으로 구분된다. 얼스터 지방의 대부분은 북아일랜드에 속하므로 종종 북아일랜드와 동일한 뜻으로 사용되기도 한다.

아일랜드의 각 지역은 '주州, county'라는 행정 구역으로 나뉜다. 아일랜드는 총 32개 주로 구성되어 있는데, 이 중에서 남아일랜드가 26개 주, 그리고 북아일랜드가 6개 주로 되어있다. 그러나 북아일랜드는 1973년에 행정 구역을 개편하면서 6개 주를 다시 주요 도시나 타운town을 중심으로 26개 지구District로 재편하였다(이승호 17).

스켈리그 마이클 바위섬

　아일랜드의 서남쪽 해안 지형은 바위로 구성된 작고 황량한 섬들이 해안가에 여기저기 흩어져 있어 독특한 생태계를 이루고 있다. 이들 중 케리Kerry 해안으로부터 조금 떨어진 곳에 있는 스켈리그 마이클Skellig Michael 바위섬은 톱니 모양의 돌섬으로, 6세기부터 12~13세기까지 수사들이 은둔생활을 했던 곳이다.

　국토 중 고지대는 대부분 해안에 인접해 있으며, 중앙 내륙지역은 평평하다. 코크Cork에서 도니갈Donegal에 이르는 서쪽 해안은 대부분이 절벽, 언덕, 산과 같은 지형으로, 주로 암벽으로 이루어져 있어 안전한 정박지가 거의 없다. 높은 산들은 모두 남서쪽에 있는데, 아일랜드에서 가장 높은 산은 케리 주에 있는 해발 1,039m의 카론투힐Carrantuohil산이다.

　아일랜드는 강과 호수의 나라이다. 남아일랜드에만도 1,390km^{2}의 물이 있다. 아일랜드에서 가장 긴 강은 카반Cavan 주에 있는 퀼카프Cuilcagh산으로부터 중부 지방을 거쳐 리머릭Limerick시市 서쪽까지 370km에 이르는 섀넌Shannon강이다. 북아일랜드에 있는 네이호Lough Neagh는 브리티시 제도The British Isles에서 가장 큰 호수로 전체 면적은 396km²에 달한다.

아일랜드의 중앙 내륙지역은 3~4억 년 전에 퇴적된 석탄기 석회암층 위에 형성된 지형으로, 대부분이 기름진 농경지와 늪지(습지)로 되어있다. 그러나 중앙 내륙지역으로부터 서쪽으로 나아가면, 땅이 척박해지고, 농경지도 별로 없으며, 수많은 암벽만 볼 수 있다. 특히, 섀넌강 서쪽에 있는 황량한 코노트 지역은 미스Meath나 티퍼레리Tipperary 등의 비옥한 초원 지역과 뚜렷이 대조된다. 한때 올리버 크롬웰Oliver Cromwell, 1599~1658이 "지옥으로 갈래 아니면 코노트로 갈래?To Hell or to Connaught?"라고 소리친 말이 나름대로 근거가 없었던 것은 아니다.

아란섬

골웨이Galway 주로부터 남서쪽으로 45km 떨어진 아란섬Aran Islands은 문명의 때가 묻지 않은 채 4,000년 동안 원주민들이 살아오고 있는 지역이다. 이곳은 아일랜드인의 원초적 삶의 모습, 전통적 생활방식, 토속어 등 아일랜드의 참모습을 체험할 수 있는 문화의 보고寶庫이다. 한때 아일랜드의 극작가 존 밀링턴 싱은 이곳에서 생활하면서 주옥과 같은 작품들을 썼다.

골웨이 주 북서쪽에 있는 코네마라Connemara는 삼면이 바다로 둘러싸인 갈색 암반 지형으로 자연경관이 수려할 뿐 아니라 과거의 문화유적과 생활방식이 잘 보존된 지역이며, 코네마라

남쪽 해안의 낮은 산지와 클레어Clare 주의 버렌(Burren: 게일어로 암석이 많은 지역을 의미함) 지역은 석회암층 고원지대이다. 1640년대 크롬웰의 측량기사는 이곳을 일컬어 "사람을 빠뜨릴 충분한 물도 없고, 교수형에 처할 나무도 없으며, 매장할 흙도 없는 곳"이라 했다. 어디를 둘러보아도 농사지을 땅이라곤 거의 없고, 척박하고 황량하기 그지없는 회색빛 돌 더미들뿐이다. 그러나 이곳의 색다른 풍경은 이국정취를 더해주고 있으며, 갖가지 희귀식물과 조류들이 서식하고 있어 생물학적 보고寶庫 역할을 하고 있다. 인근의 '클립스 오브 모어Cliffs of Moher'는 자연이 만든 최고의 절경을 자랑한다. 규모가 어마어마하고 깎아지른듯하여 보는 이들을 아찔하게 하는 이 해안 절벽은, 최대 높이가 300m에 달하며, 총 길이는 10km를 넘는다. 또한, 앤트림Antrim 주에 있는 '자이언츠 코즈웨이The Giant's Causeway'는 6각 기둥 모양의 주상절리柱狀節理가 성냥갑을 쌓아놓은 듯이 형성된 지형으로, 돌기둥의 수가 무려 4만 개에 이른다고 하니 조물주의 신비에 놀라지 않을 수 없다.

버렌 지역

클립스 오브 모어

　빙하가 녹아 흐를 때 배수가 잘 안 되어 퇴적물과 유기물이 쌓여 있는 늪지를
보그bog라 하는데, 이는 토탄turf, peat의 원료가 된다. 토탄은 옛날부터 아일랜드에서
주로 땔감으로 이용됐다. 보통 위스키 색을 띠는 보그 지역(주로 아일랜드의 서쪽 해안 지역)은
한때 국토의 20%를 차지했으나, 지금은 겨우 2%(2,000㎢) 정도만 남아있다. 하지만
아일랜드의 늪지는 지금도 유럽에서 가장 큰 규모를 자랑한다. 예전에 아일랜드
사람을 조롱하는 말로 '늪지 사람bog men, bog Irish, bogtrotters'이란 말이 사용된 것도 이
런 연유에서다. 킬데어Kildare, 레이시Laois, 오펄리Offaly 주 등 9개의 주에 걸쳐 갈색의
습한 모래사막처럼 펼쳐져 있는 '보그 오브 알렌(Bog of Allen: 한때 1,000km²에 달했음)'은 남
아 있는 늪지 중 가장 유명한 고층 늪지raised bog이다.

보그^{Bog}와 토탄^{Peat, Turf}

보그의 형성과정에 관해서는 다양한 학설이 있다. 그중 하나는 석기시대 농부들이 농경지 확보를 위해 숲을 대규모로 벌목한 결과로 생겨났다는 것이고, 다른 하나는 지금으로부터 9,000년 전 마지막 빙하기에 빙하가 녹아 연못이나 호수가 생겨났는데, 이곳에서 자라던 습지 식물이 죽으면서 쌓이고, 또 다른 식물이 생태계를 형성하는 과정을 거치면서 보그가 생겨났다는 것이다.

보그에서는 산도(酸度, acidity)가 낮고 산소량이 부족하여 선사시대 유물들이 원형 그대로 발견되기 때문에 선사시대 역사 연구의 중요한 보고(寶庫)가 되고 있다. 오늘날 더블린 국립박물관을 비롯한 아일랜드 곳곳의 박물관은 사라져가는 보그의 모습을 재현하여 이곳에서 출토된 유물들을 전시하고 있다.

전통적인 아일랜드의 연료인 토탄은 보그에서 채취한 것이다. 지금의 연료로 대체되기 이전에 아일랜드인은 보그에서 채취한 토탄을 건조하여 땔감으로 이용했다. 지금도 몇몇 시골 지역에서는 토탄을 연료로 사용하고 있으며, 겨울철이나 궂은 날씨에는 하얗게 피어오르는 토탄 연기와 구수한 토탄 냄새를 보거나 맡을 수 있다.

아일랜드 정부는 1990년대 이후에서야 비로소 사라져가는 보그가 생태계의 일부로서 중요하다는 것을 새삼 깨닫고 현존하는 보그를 보존 및 유지하기 위해 발 벗고 나섰다.

늪지에서 채취한 토탄을 말리는 광경

그러나 뭐니 뭐니 해도 아일랜드 하면 에메랄드빛 초록의 땅이 떠오른다. 오늘날 아일랜드 사람은 한때 울창했던 오크나무oak 숲들이 사라진 것을 몹시 아쉬워한다. 이 숲들은 과거에 영국 해군의 배를 건조하기 위해 무모하게 벌목되었기 때문에, 오늘날 볼 수 있는 숲들은 비교적 최근에 조성된 것들이다. 아일랜드의 시골은 지금도 대부분이 초록의 평원으로 남아있는데, 이는 산울타리나 돌담으로 경계를 이루어 경작용 토지나 목초지로 활용되고 있다.

2001년에 이탈리아 작가 뀌도 미나 디 쏘스피로Guido Mina di Sospiro는 아일랜드의 아름다운 자연환경을 소재로 그의 에코 픽션Eco-fiction 『나무 회상록The Story of Yew』을 출간해서 많은 이들에게 감동을 주고 있다.

위치와 기후

아일랜드는 경도상으로 서경 5.5도에서 10.5도 사이에 있어 우리나라보다 서쪽으로 대략 135도 떨어져 있다. 경도 15도마다 한 시간의 시차가 나므로 아일랜드의 표준시는 우리나라보다 9시간이 늦은 셈이다. 그러나 3월의 마지막과 10월의 마지막 일요일 사이에는 서머타임Summer Time이 적용되므로 이 기간에는 우리보다 8시간이 늦다. 즉, 겨울철에는 우리나라가 정오일 때 새벽 3시이며, 여름철에는 새벽 4시가 된다.

위도상으로는 북위 51.5도와 55.5도 사이에 있어 우리나라보다 20도 가까이 더 북쪽에 위치한다. 그러므로 여름에는 우리나라보다 해가 길고, 겨울에는 해가 훨씬 짧다. 7월과 8월의 낮길이는 대략 18시간 정도이며, 오후 11시 이후에야 비로소 어두워진다. 따라서 해가 긴 여름철에는 여가 활동과 관광을 즐기기에 적합하다. 하지만 동지 무렵에는 오후 3시를 넘기면 해를 보기가 쉽지 않다(이승호, 13-14). 아일랜드의 기후는 대서양 멕시코 만류와 남서풍의 영향으로 위도보다 비교적 온화한 편으로, 연간 평균 기온은 대략 섭씨 10도 정도이다. 단지 겨울에만 이따금 영하로 떨어지는 경우가 있고, 눈과 서리는 아주 귀해서 1년 중 단지 한두 차례만 진눈깨비가 온다. 가장 추운 달은 1월과 2월로 이때 기온은 섭씨 4도에서 8도 사이이며, 평균 7도를 유지한다. 여름의 낮 기온은 가장 쾌적한 온도인 15도에서 20도 사이이며, 가장 더운 달인 7월과 8월의 평균 기온은 16도이다. 아일랜드에서 가장 더운 여름날의 기온은 22도에서 24도 정도이지만 가끔은 30도까지 오르기도 한다. 아일랜드의 날씨는 아주 변덕이 심해 예측하는 것이 거의 불가능하다. 가령, 2월에도 셔츠 차림에 선글라스를 쓰는가 하면, 3월이나 심지어 여름철에도 양털로 만든 겨울 외투를 입기도 한다.

아일랜드는 대서양으로부터 비를 몰고 오는 구름 때문에 연중 270일이나 비가 오는 지역이 있는데, 케리 지역이 가장 심한 편이다. 매우 건조해서 대륙의 날씨와 유사한 더블린조차도 연중 150일 동안이나 비가 온다. 연평균 강수량은 저지대가 800mm에서 1,200mm 사이이며, 산악지역은 2,000mm를 초과하기도 한다. 더블린을 비롯한 남동쪽은 750mm 이하로, 비가 가장 적게 오는 지역이다.

아일랜드의 인구와 국민성

인구

아일랜드의 전체 인구는 약 640만이다. 이 수치는 사실상 지금으로부터 170여 년 전보다 작은 수치이다. 1845년부터 1851년까지 계속된 대기근 이전에 아일랜드의 인구는 대략 800만이었다. 하지만 대기근과 해외 이산Diaspora으로 인해 인구는 600만으로 줄었다. 이후에도 100년 동안 해외 이주는 높은 비율로 지속되었으며, 1960년대 들어서야 해외로의 인구 유출이 둔화되었다. 하지만 경제적 어려움 때문에 1980년대 들어서도 20만 명 이상이 해외로 이주를 했다.

남아일랜드의 현재 인구는 460만이며, 이는 1861년 이후 최고의 인구 수치이다. 인구 대다수는 더블린, 코크, 골웨이, 리머릭 등 대도시에 거주한다. 남아일랜드의 수도 더블린에는 110만 명의 인구가 살고 있는데, 이 중에서 대략 40%가 도심으로의 통근이 가능한 거리에 살고 있다. 또한, 남아일랜드의 인구는 젊은 인구가 압도적으로 많다. 전체 인구의 35%가 25세 미만이며, 15세에서 24세에 이르는 인구가 유럽에서 가장 많고, 15세 미만의 인구도 유럽에서 두 번째로 많다. 아일랜드에 거주하는 한국인은 대략 1천여 명이며, 이들 중 80%가 어학연수와 학업을 위해 체류하고 있다.

북아일랜드의 인구는 180만 명으로, 이들 중 벨파스트에 30만, 런던데리에 8만 5천 명이 살고 있으며, 16세 미만의 인구가 25%로 영국에서 젊은 층 인구가 가장 많은 곳이다.

얼마 전까지만 해도 아일랜드는 인종적으로 꽤 동질화된 사회였다. 하지만 1990년대 이래로 해외로 이주하는 이민자의 수보다 해외로부터 이주해오는 이민자(역이민자)의 수가 더 많아졌으며, '켈틱 타이거'로 지칭되는 경제 호황기(1995~2007)에 다수의 해외 인구가 유입됨으로써 다민족·다문화 사회로 변모했다. 이 역이민자들은 아일랜드인이 대부분이지만, 영국, 유럽연합, 북미, 제3세계The Third World, 특히, 동유럽(주로 폴란드 사람), 남미(주로 브라질 사람), 아프리카(주로 나이지리아 사람)로부터 오는 이민자도 상당수 있다. 2011년 인구 통계에 의하면 아일랜드 전체 인구의 10% 이상이 외국 국적자였다.

아일랜드의 인구는 국내보다 해외에 더 많다. 미국에는 5,000만 명의 아이리시들이 살고 있는데, 케네디John F. Kennedy, 닉슨Richard Nixon, 레이건Ronald Reagan, 클린턴Bill Clinton, 오바마Barack Obama를 비롯한 17명의 역대 미국 대통령이 아이리시 혈통이다(45명 중에서). 이밖에 뉴질랜드는 인구의 15%, 캐나다는 20%, 호주는 30%가 아이리시이며, 영국에는 600만 명, 아르헨티나에는 30만 명의 아이리시가 살고 있다.

국민성

아일랜드인은 낯선 손님을 환대한다. 켈트 시대의 '브레혼 법(Brehon Law: 입법자 또는 재판관을 게일어로 'brehon'이라고 함)'은 집 앞이나 마을을 지나가는 이방인을 위해 숙소를 제공하고 융숭하게 대접할 것 등을 규정하고 있다. 브레혼 법으로부터 유래한 아일랜드인의 이러한 호의적 태도hospitality는 전 세계적으로 정평이 나 있다. 사업상 혹은 관광으로 아일랜드에 오는 사람들은 아일랜드인의 호의, 기꺼이 남을 도와주려는 마음가짐, 그리고 낯선 사람과 대화를 나누는 것을 주저하지 않는 성격 때문에 편안한 마음을 갖게 된다. 아일랜드인은 이러한 성품으로 인해 열린 마음으로 유럽연합에 동참하게 되었고(아일랜드는 1973년에 유럽연합[European Union, EU]의 전신인 유럽경제공동체[European Economic Community, EEC]의 회원국이 됨), 또 이에 대해 자부심을 느낀다.

브레혼 법Brehon Law

B.C. 6~5세기경에 켈트인이 개인의 권리를 보호하고 분쟁을 정의롭게 해결하기 위해 확립한 법 제도로 17세기 초엽 영국의 행정법으로 대체될 때까지 사용되었다. 브레혼 법에서는 정의의 개념이 오늘날과는 다르게 사용되었기 때문에, 감금(imprisonment)이나 태형(corporal punishment)보다는 벌금형 제도에 의존했다. 각각의 사람에게는 가치(a value, honour price)가 부여되어 있었으며, 이 가치는 늘 소(cattle)의 수에 의해 측정되었다. 따라서 켈트 시대에는 소를 소유하는 것이 부의 상징이었으며, 다른 사람의 소를 훔치는 일도 다반사였다. 또한, 아일랜드인의 대표적 국민성 가운데 하나인 '환대'에 관해서도 브레혼 법에 다음과 같이 명시되어 있다.
• 부족의 구성원은 미성년자, 광인, 노인을 제외한 모든 이방인에게 환대를 베풀어야 한다.
• 타인에 대한 배려 없이 자신의 소와 농경지만을 생각하는 이기적인 사람은 모욕을 받아 마땅하다.

아일랜드인은 1949년 영국으로부터 독립한 이후 수십 년 동안 국내 문제에만 관심을 기울이는 내향성을 견지했다. 하지만 1960년대부터 보호주의를 철폐하고 바깥세상으로 관심을 돌리기 시작했다. 1840년대 후반에 있었던 감자 대기근으로부터 1980년대 경기 침체기까지 근 2세기에 걸친 이주의 역사, 전 세계적으로 정평이 나 있는 문학과 예술의 우수성, 1990년대부터 시작된 경제 호황, 최근에 부상하는 글로벌 스타일의 요리 등으로 인해 이제 아일랜드인은 세계무대에서 자긍심을 가질 뿐 아니라 국제문제에서도 영향력을 행사할 수 있는 진정한 세계인이라는 의식을 견지하고 있다.

남의 집을 방문하는 것은 1960년대 TV가 도입되기 이전까지 통상적 사회관습이었다. 각 가정의 달력에는 다른 집들의 대소사大小事를 빼곡히 기록할 정도로 친척이나 이웃과의 친목을 중시했다. 하지만 오늘날은 사람을 초대하거나 다른 가정을 방문하는 대신 식당이나 술집에서 만나는 것을 더 선호한다(이동진 251-52).

아일랜드인은 종교적 성향이 강하기 때문에 종교는 그들의 삶에서 아주 중요한 역할을 한다. 영국인은 '형법The Penal Laws'을 통해 가톨릭을 금지하려 했지만, 아직도 남아일랜드 사람의 90%는 가톨릭을 신봉하고 있다. 가톨릭의 영향이 골수까지 스며있어서 아일랜드인은 이웃과 형편이 어려운 사람들에 대한 책임감이 투철하다. 이러한 사회적 책임의식 때문에 아일랜드인은 세계의 그 어떤 민족보다 남에게 자선을 베푸는 데 관대하다.

아일랜드인은 매우 강인하고 호전적 기질을 지녔기 때문에 육체노동과 스포츠에 강하고, 두 차례의 세계대전에서 훌륭한 전쟁 지도자를 많이 배출했다. 또한, 비운의 역사에서 대의명분을 지키기 위해 단식斷食, 극심한 고통과 인내, 심지어 죽음까지도 마다하지 않았던 수많은 순교자적 희생의 예를 볼 수 있다.

아일랜드인은 말재주가 능할 뿐 아니라 다혈질이어서 화를 잘 내고 정열적이다. 이 때문에 그들은 남과 대화를 나누거나 정치적 논쟁을 벌이는 것을 좋아한다. 아일랜드 전역에 산재한 '펍'이 그들이 대화와 논쟁을 정말로 즐긴다는 것을 여실히 증명해준다.

아일랜드인은 자의식이 강하며 역사의식이 투철하다. 아일랜드인은 자신들의 의식을 형성한 역사에 대해 특별한 애정을 품고 있다. 이 때문에 그들은 유럽의 그 어떤 민족보다 자신들의 역사에 대해 잘 알고 있다. 다른 나라들 역시 침략과 해방의 역사가 있지만, 아일랜드인은 독특한 방식으로 자신들의 삶과 역사를 연관지으려는 경향이 있다. 이에 대해 저명한 작가이자 정치가인 브렌던 베헌Brendan Behan, 1923~1964은 "다른 민족들도 민족의식을 갖고 있다. 하지만 아일랜드인과 유대인은 그 의식이 정신병적인 것이다"라고 말한 바 있다.

아일랜드인은 세상의 그 어떤 민족보다 문학과 예술을 사랑하고 즐긴다. 실로 아일랜드는 문학과 음악, 그리고 춤의 나라이다. 아일랜드인은 그들의 19세기 민요에 나오는, "선남선녀가 함께 춤추고, 마시며, 창문을 깨뜨리고, 서로 욕을 하고, 방탕이 생활일 뿐 결코 생각 따윈 하지 않으며, 인생의 단맛을 좇는 탕아로 살아갈 뿐(이동진 203)"이라는 구절처럼, 자신들의 풍부한 문화를 예술로 즐기며, 또한 이를 통해 자신들의 정체성을 표현한다.

일과 시간에 대한 아일랜드인의 느긋한 태도easygoingness는 이따금 외국에서 오는 사람들을 놀라게 한다. 아일랜드인은 일하기 위해 사는 것이 아니라, 살기 위해 일을 한다. 따라서 아일랜드인은 일을 제시간에 끝내거나 약속을 지키지 않는 경우가 허다하다. 이는 농경사회의 유물로, 과거 영국의 식민통치를 받던 소작농 시절, 열심히 일을 해봤자 모두 소작료로 빼앗겼던 그들의 뼈아픈 한恨의 역사와 관련이 있다.

아일랜드인의 언어, 종교, 생활방식

언어

아일랜드의 헌법 제8조는 아일랜드어를 제1 공식국가언어로, 그리고 영어는 제2 공식국가언어로 명시하고 있다. 따라서 아일랜드에서는 아일랜드어와 영어가 공용어로 사용되고 있다. 이 때문에 아일랜드에서는 거의 모든 도로 표지판이 아일랜드어와 영어로 되어있으며, 통과된 법령法令도 모두 아일랜드어로 작성한 다음 영어로 번역해야 한다. 그러나 '겔탁트(Gaeltacht: 주로 아일랜드 서남부해안의 케리, 골웨이, 메이요, 도니갈, 코크, 워터퍼드 등에 있는 아일랜드어 사용 지역으로, 약 6만 명 정도가 아일랜드어를 쓰고 있음)' 지역을 벗어난 곳에서는 대다수 사람이 주로 영어를 사용한다. 아일랜드에서 사용되는 영어Irish English는 지역마다 상이한 악센트, 구어적 표현, 속어, 파행적 문법 등을 담고 있어서 의사소통할 때 특별한 즐거움과 함께 풍요로움을 더해준다.

'아일랜드어(Irish: 자부심이 강한 아일랜드인은 스코틀랜드-게일어와 혼동을 피하려고 아일랜드어로 부르기를 좋아함)'로 불리는 게일어Gaelic는 스코틀랜드-게일어Scottish Gaelic, 웨일스어Welsh, 브르타뉴어(Breton: 프랑스의 브르타뉴 지역에서 쓰고 있음), 콘월어(Cornish: 과거에 콘월 지역에서 쓰였음), 맨섬어(Manx, 맨크스어: 과거에 맨섬에서 쓰였음), 스페인-게일어(Gallaic: 과거에 스페인 북부 지역에서 쓰였음) 등과 함께 켈

게일어와 영어로 된 도로 표지판

트어군Celtic Language Family에 속한다. 2세기 전까지만 해도 이들 언어 모두가 쓰였으나, 오늘날에는 맨섬어와 스페인-게일어는 소멸하였고, 콘월어는 겨우 명맥만 유지하고 있다. 로마가 갈리아Gallia와 그레이트브리튼 섬을 정복하기 이전에는 중유럽과 서유럽의 대부분 지역에서 켈트어가 사용되었다. 하지만 5세기 중엽 앵글로-색슨족이 영국을 침입하면서 영국에서는 영어가 사용되었다.

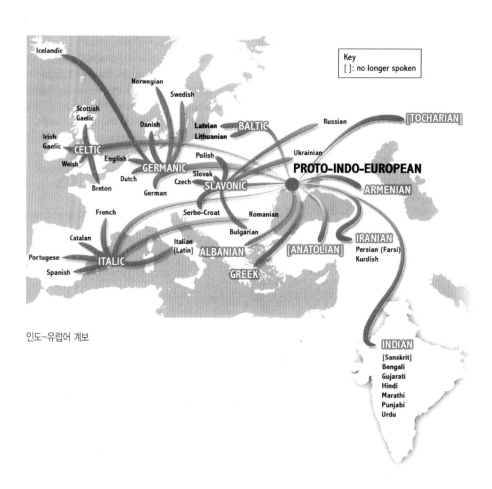

인도-유럽어 계보

아일랜드어는 알프스산맥 북쪽에서 가장 오래된 유럽어이며, 알파벳은 6세기경 라틴어에서 유래했다. 영국인은 아일랜드를 식민통치하는 기간 내내 아일랜드인의 고유 언어인 아일랜드어 사용을 금지했다. 이 때문에 아일랜드어 교육은 아일랜드의 시골 지역에 산재한 '산울타리 학당(Hedge School: 노천 학교, 빈민학교)'에서 불법적으로 암암리에 행해졌다. 이 사실은 극작가 브라이언 프리엘Brian Friel, 1929~의 『번역 Translations, 1980』에서 언급되고 있다.

165년 전까지만 해도 아일랜드 인구의 대다수는 아일랜드어를 사용했다. 이들은 주로 가난한 농민이거나 노동자 계층으로 대기근 동안에 대부분 죽거나 해외로 이민을 떠났다. 이로 인해 아일랜드어를 사용하는 인구는 계속 감소하여 19세기 말 무렵에는 전체 인구의 85% 이상이 영어를 사용했다. 오늘날에는 '겔탁트' 지역에 사는 6만 명 정도의 사람들만 아일랜드어를 모국어로 사용하고 있다.

1893년에는 전통문화의 부활과 사라져가는 아일랜드어를 되살리기 위한 노력의 일환으로 '게일연맹The Gaelic League'이 결성되었고, 2003년에는 아일랜드 정부가 '공용어 법The Official Languages Act'을 도입해서 모든 공공 문서, 도로 표지판, 공식적인 타이틀에 아일랜드어 하나만을 쓰거나 아일랜드어와 영어를 병용토록 했다. 또한, 6세~15세 사이의 아이들이 다니는 모든 학교에서 아일랜드어를 필수과목으로 가르치도록 했다. 아일랜드어 시험은 강제는 아니지만, 대학에 들어가거나 공직에 취업하기 위해서는 이 시험에 합격하는 것이 필수이다. 한편, 아일랜드 정부는 아일랜드어 사용을 장려하기 위해 아일랜드어 전용 라디오 방송국Radio na Gaeltachta과 텔레비전 방송국TG4을 설치하여 운영하고 있다.

오늘날 아일랜드어 사용 인구는 극소수이지만, 아일랜드어는 영어와 다른 발음과 문법 구조, 지역마다 상이한 방언 및 악센트가 있어서 이를 사용하는 사람에게 그윽한 맛과 멋을 더해준다.

종교

아일랜드는 전통적으로 가톨릭 국가이다. 아일랜드의 곳곳에는 성지聖地가 널려 있고, 주일이면 미사를 보러 가는 행렬로 장사진을 이룬다. 모든 가정에는 집을 나서기 전에 축복을 기원하는 성수반이 있으며, 병원이나 사무실에도 갖가지 종교 장식들이 있다. 그뿐만 아니라 시골 외곽 지역에서는 작은 석굴에 성모상을 모셔 두고 정성을 다해 돌보는가 하면, 일 년 중 특정 기간을 택해 성지로 순례 여행을 떠나기도 하고, 심지어 아이의 첫 영성체First Holy Communion 의식에 500유로의 거액을 쓰기도 한다. 실로 가톨릭은 아일랜드인의 정치·문화적 영역에서뿐 아니라 그들의 가정생활과 개인의 삶에서도 아주 특별한 위치를 차지한다.

아일랜드인에게 교회는 개인의 영성靈性을 추구하는 공간일 뿐 아니라, 친구들을 만나 잡담을 즐기는 현실적 공간이기도 하다. 많은 아일랜드인은 저마다 특정 성인을 택해 그들의 삶과 말씀을 연구하며, 그들에게 신과 중재해줄 것을 기원하기도 한다(이동진 264).

아일랜드인의 종교 생활

아일랜드에는 크게 두 부류의 종교 집단이 있는데, 남아일랜드에서는 가톨릭이, 북아일랜드에서는 신교가 주류를 이룬다. 남아일랜드 거주자 중 대략 90%는 가톨릭을, 3%는 신교를, 그리고 0.1%는 유대교를 신봉하고 있으며, 나머지는 특정 종교가 없다. 북아일랜드에서는 신교 45%, 가톨릭 40%, 무종교 10%, 기타 종교가 5%를 차지한다. 아일랜드의 신교는 영국 국교회(The Church of England, The Anglican Church, 성공회)의 한 지파支派인 아일랜드 국교회The Church of Ireland, 장로교, 감리교 등이 대부분을 차지한다.

아일랜드인의 일상생활에서 교회는 거의 모든 부문에 영향을 미친다. 국영 라디오 방송과 텔레비전 방송에서는 정오나 오후 6시 정각에 기도 시간을 알리기 위해 30초 동안 안젤루스Angelus 종이 울리고, 이어서 성화聖畵와 그 날의 말씀이 소개된다. 아침 뉴스에도 그 날의 기도가 함께 나오고, 교회 근처를 지나가는 사람들은 대다수가 성호를 긋는다. 텔레비전 프로그램에서도 때때로 성직자가 출연하여 정치나 대중 스타와 함께 생활의 모든 분야에 관해 자신의 의견을 개진한다. 대부분의 학교에서는 사제나 수녀가 교사로 활약하고 있다(이동진 267).

하지만 최근의 통계를 보면 아일랜드인의 신앙심에도 큰 변화가 일고 있으며, 독립투쟁 기간 내내 영국 신교의 영향으로부터 지켜내려 했던 가톨릭의 위세가 일상생활의 영역에서 점차 약화되고 있다. 사회변화, 경제적 풍요, 해외여행, 그리고 폭넓은 교육 등으로 젊은 층과 도시 사람들의 교회 참석률은 지난 40년 동안 꾸준히 감소하고 있으며(교회 참석률이 1990년에는 85%였으나 2005년에는 50% 이하로 줄어듦), 사제의 수도 턱없이 부족하여 해외(폴란드 등)로부터 계속 수혈을 받아야만 했다. 그 한 예로, 1997년에는 아일랜드 전역에서 53명, 2004년에는 단지 6명만이 사제 서품을 받았다. 또한, 돈 및 성性과 관련된 가톨릭교회의 부패와 잇따른 추문, 교회가 운영하는 학교에서 벌어지고 있는 아동학대로 인해 교회의 권위가 계속 실추되고 있다. 결혼식도 이제는 교회가 아닌 민간 영역에서 30% 정도가 행해질 정도이다. 하지만 시골에서는 아직도 종교가 큰 영향력을 행사하고 있다.

그럼에도 불구하고 아일랜드인의 법의식과 태도는 여전히 보수적인 경향이 있으며, 가톨릭교회는 아직도 상당한 영향력을 행사하고 있다. 낙태, 피임, 이혼, 검열제도 등에 관해 강력한 반대 입장을 견지하는 것은 물론, 국가로부터 재정지원을 받는 학교나 병원의 운영에 대해서도 상당한 실권이 있다. 그뿐만 아니라 아일랜드에서는 교회가 지정하는 여러 기념일이 서구의 다른 나라들보다 엄격히 준수될 뿐 아니라 종교행사도 다채롭게 열리고 있다.

10년 전만 해도 아일랜드에서는 무려 13명의 자식을 둔 대가족이 일반적이었다. 하지만 지금은 2~3명을 둔 핵가족이 보편화되어 있고, 부모 두 사람 모두 가계에 보탬이 되기 위해 일을 한다. 그 이유는, 지금은 피임약이나 피임 도구를 누구나 쉽게 이용할 수 있지만, 1980년대에는 결혼하지 않은 부부가 더블린 밖에서, 그리고 의사의 처방 없이 피임 도구를 사용하는 것 자체가 사실상 불가능했다. 이는 결국 10대들의 폭발적인 임신율 증가를 가져왔다.

성性은 단지 출산을 위한 도구로써만 의미가 있다는 전통적 가톨릭 교리의 가르침으로부터 비롯된 성을 금기禁忌, taboo하는 경향은 오래전에 사라졌지만, 아직도 시골 지역에서는 공개적인 장소에서 성에 대해 언급하거나 논의하는 것을 자제하고 있다. 피임은 1993년부터 허용되었으나, 이혼은 아일랜드 헌법이 제정된 1937년 이래로 금지되었다. 하지만 1995년 시행된 국민투표에서 법안이 간신히 통과되고 나서야 비로소 까다로운 조건하에 법적으로 용인되었다(유럽에서 가장 늦게 허용되었지만, 요즘은 증가 추세에 있음).

이에 반해 낙태는 수정 헌법 제8조(1983년 국민투표에서 67%의 찬성으로 개정됨)가 발효된 1983년 이후부터도 임산부의 생명이 위급한 경우가 아니라면 예전과 동일하게 불법으로 간주되었다. 이 때문에 1983년 이후 약 17만 명의 아일랜드 임산부가 원정 낙태를 위해 '낙태선abortion ship'을 타고 영국으로 건너갔으며, 낙태율은 1980년의 4.5%에서 2002년에는 10%로 증가했다. 하지만 2018년 5월 25일 시행된 낙태 허용을 위한 헌법 개정 국민투표에서 66.4%가 찬성표를 던짐으로써 35년 만에 낙태 허용의 길이 열렸다.

1980년대 초 이래로 동성애자들에 대한 태도도 변하고 있다. 당시 전국에는 동성애자들을 위한 나이트클럽이 단 한 군데뿐이었다. 하지만 1993년 이후 법으로 허용되고 있으며, 2015년에는 국민투표(찬성 62%)로 동성 간의 결혼도 허용되었다.

최근 조사에 의하면, 남아일랜드에서 태어나는 아이의 18%(북아일랜드에서는 20%) 정도가 혼외관계로 태어나며, 젊은이들의 대다수는 결혼 전에 순결을 지키는 것에 별로 신경을 쓰지 않는다. 이는 필연적으로 에이즈와 같은 성병의 발병 빈도를 높이고 있다. 하지만 남녀 간에 문란한 관계는 드물며, 결혼 생활도 비교적 충실히 유지되고 있다.

여성의 권리 신장에도 획기적인 변화가 있어 1990년에는 메리 로빈슨Mary Robinson 이 최초의 아일랜드 여성 대통령으로 당선되었고, 메리 매컬리스Mary McAleese 대통령이 뒤를 이었다. 그뿐만 아니라 아일랜드 의회에서는 영국의 여성 의회 의원 수보다 많은 여성 의회 의원들이 활약하고 있다.

과거에는 풍기문란에 관한 검열이 심해 도서관 서가에 있는 책조차 금지의 대상이 되기 일쑤였다. 하지만 지금은 이에 대한 강도가 약화되고 있다. 정치 분야에서 돈 문제와 관련된 물의가 가끔 발생하기는 하지만, 다른 나라에 비해서는 심하지 않은 편이다. 하지만 성과 관련된 종교계의 추문은 계속 증가 추세에 있다.

텔레비전이 아일랜드인의 삶과 생활에 지대한 영향을 미치고 있다. 영국에 '비비시(British Broadcasting Corporation, BBC)'가 있듯이 아일랜드에는 '아일랜드의 소리The Voice of Ireland'라고 할 수 있는 '아일랜드 방송 협회(Raidio Teilifis Eireann, RTE)'가 텔레비전, 라디오, 온라인 방송을 주도하고 있다. 아일랜드의 텔레비전 방송 프로그램 <심야 쇼Late Late Show>는 오랫동안 아일랜드인의 주요 사회 문제를 다루는 토론장 역할을 해오고 있다. 하지만 지금은 위성과 케이블을 통해 영국 방송의 수신이 가능해짐에 따라 텔레비전의 영향력이 점차 증대되고 있다.

한편, 아일랜드에서는 급속한 경제성장으로 인해 술 소비가 급증하여 사회 문제가 되고 있다. 급기야 아일랜드 정부는 2003년에 법을 제정하여 규제를 시작했지만, 술을 마시는 것이 큰 오락이자 '펍'이 주요 수출 품목 중 하나인 이 나라에서 술 소비량을 줄인다는 것은 요원한 일인지도 모른다(1970년 이래로 1인당 술 소비량이 3배로 늘었음). 오늘날에는 비교적 잠잠했던 시골 지역에서도 청소년들이 도시의 유행에 편승하여 술과 마약에 빠지거나 자살을 저지르는 등 새로운 사회 문제를 일으키고 있다.

아일랜드는 과거에 여타 유럽 국가들보다 흡연율이 상당히 높은 나라였다. 하지만 2004년부터 모든 직장과 펍에서 흡연이 법으로 금지되고 있다. 따라서 펍,

식당, 사무실, 호텔은 물론이고 사람들이 일하는 곳에서는 어디에서고 흡연이 허용되지 않는다. 다만 펍 밖에서는 분위기 조성을 위해 예외적으로 흡연이 용인되기도 한다. 여하튼 이런 이유로 흡연율과 담배 판매량이 급격히 줄었다는 것은 고무적인 일이다.

제3세계The Third World, 유럽연합, 동유럽, 중유럽, 폴란드, 슬로바키아 공화국, 크로아티아 등 해외로부터 많은 수의 이민자들이 유입됨에 따라 범죄와 폭력이 증가일로에 있다. 특히 더블린과 벨파스트에서는 오늘날 인종차별적 언어폭력이 심심찮게 자행되고 있다. 반면에 시골 지역에서는 다양한 국적의 난민難民이나 집시들을 따뜻하게 포용하는 편이다. 로스코먼Roscommon 주에 있는 인구 1,200명의 활기 없는 마을 밸럭도린Ballaghadereen은 지금 14개 국적 소지자들의 고향으로 변모하고 있다.

남아일랜드의 역사

선사시대의 역사와 켈트인

아일랜드의 역사는 지금으로부터 대략 1만 년 전 마지막 빙하기가 끝날 무렵, 만년설이 녹아 해수면이 높아짐에 따라 아일랜드와 영국을 잇는 마지막 육교land bridge가 바닷물에 잠기면서부터 시작되었다. 농경 방법을 알지 못해 수렵과 채집 또는 물고기를 잡아 생활하면서 이곳저곳을 떠돌던 이들은, 스코틀랜드로부터 연결된 좁은 육로를 가로질러 오늘날 북아일랜드의 앤트림 해안에 들어왔거나, 작은 가죽 보트를 타고 아일랜드 해海를 건너 들어왔다. 내륙은 숲이 울창했기 때문에 주로 해안가나 호숫가에 정착했던 이들 소규모 정착민들에 대해 알려진 바는 별로 없다.

BC 4000년 무렵에는 신석기시대 사람들이 들어와서 소, 양, 염소, 돼지 등과 같은 가축을 기르거나, 울창한 숲을 개간하여 밀과 보리 등의 곡식을 경작하며 생활했다. 윗가지와 진흙으로 지어진 그들의 거처는 오래전에 사라졌지만, 자연에 대한 경애심과 영성靈性이 담긴 건축물이라 할 수 있는 거석巨石 유물은 다수가 남아있다. 오늘날 아일랜드의 전역에서 발견되는 원추형 돌무덤, 고인돌, 패시지 그레이브(Passage Grave: 통로 형태의 돌무덤) 중 가장 널리 알려진 것은 미스 주에 있는 '뉴그랜지

Newgrange', '노스Knowth', '다우스Dowth' 등이다. 더블린에서 북쪽으로 50km 떨어진 보인 강The Boyne River 북쪽 '보인 굴곡부屈曲部'에서 발견된 이들 선사시대 고분들은 갈지자, 평행의 궁형, 동심형 소용돌이 형태의 다양한 문양들이 새겨진 연석과 석판들로 이루어져 있다. 이들은 삶의 순환, 생명력의 지속, 자연에 대한 경이, 어머니의 자궁이라 할 수 있는 대지大地로의 회귀 등을 상징하고 있어, 당대에 사회적, 경제적, 종교적 기능을 했던 것으로 평가되며, 유럽에서 가장 큰 규모를 자랑한다.

패시지 그레이브Passage Grave, 통로 형태의 돌무덤

명칭이 시사하는 바와 같이, 패시지 그레이브는 하나 혹은 그 이상의 매장실(burial chamber)로 이어지는 돌로 된 긴 통로로 구성되며, 방향은 정확히 동서쪽을 향해 있다. 이 통로는 특정 매장실 입구 위에 슬릿(slit: 좁은 틈새) 형태로 뚫린 루프 박스(roof box)를 통해 아침 햇살이 침투하여 17분 동안 매장실 중앙을 비출 수 있도록, 일 년 중 해가 가장 짧은 동짓날(冬至日, 12월 21일)의 태양 위치에 맞춰져 있다. 이때는 생명을 주고 생명을 빼앗는 빛을 통해 죽은 자의 영혼이 내세(afterlife)로 옮겨가는 시간이다. 이후에는 빛이 사그라지면서 무덤은 다시 364일 동안 어둠에 잠긴다.

뉴그랜지Newgrange, 거석 고분

이집트 기자(Giza)의 피라미드보다 500년 앞서 B.C. 3200년경에 과학적으로 만들어진 뉴그랜지는 유럽 전역에서 가장 오래된 구조물로 유네스코 세계문화유산에 등재되어 있다. 이 고분(古墳)은 1에이커(0.4헥타르) 정도의 면적에, 지름 85미터, 높이 11미터에 달하는 봉분(封墳)으로, 풀로 뒤덮여 있다. 봉분의 주변은 길이 9피트, 무게 5톤에 달하는 연석(kerbstone)들로 둘러싸여 있다. 봉분의 입구에는 여러 겹의 소용돌이 문양이 새겨진 연석이 있고, 입구 위에는 1년 중 낮의 길이가 가장 짧은 동짓날 아침에 햇빛이 들 수 있도록 슬릿 형태로 뚫린 루프 박스가 있다.

뉴그랜지

봉분의 내부에는 유럽에서 가장 유명한 패시지 그레이브 중 하나가 있는데, 이 패시지를 따라가면 3개의 후미진 구석이 있는 매장실이 있다. 봉분의 하단 둘레, 통로, 매장실, 3개의 후미진 구석은 갈지자, 평행의 궁형, 동심형 소용돌이 형태의 다양한 문양이 새겨진 연석과 석판들로 이루어져 있으며, 매장실의 천장은 장식이 없는 작은 평석들이 떠받치고 있다. 봉분의 내부는 완벽한 방수 시스템으로 인해 5000년 이상이나 방수 상태를 유지하고 있다. 뉴그랜지의 목적이 왕들의 매장 터, 종교의식을 거행했던 성스러운 장소, 달력의 역할을 했던 태양 관측소 등 그 무엇이었는지는 아직도 베일에 싸여있다.

이후 BC 2000년 무렵에는 구리와 청동이 도입되어 다양한 종류의 생활 도구, 무기, 종교적 비품, 보석 등이 만들어졌다. 비커족(Beaker People: 도기로 만든 독특한 모양의 비커[컵]에서 유래함)은 금속 세공과 도기 만드는 기술을 유럽으로부터 도입함으로써 아일랜드에서 초기 청동기 시대를 연 장본인이다. 이 시기의 황금 목걸이, 커프스 버튼, 팔찌, 머리핀 등의 금 세공품들은 품질이 매우 우수해서 유럽의 여타 지역들과 교역을 트는 발판이 되었다. 또한, 이 시기에는 소가 끄는 쟁기 형태의 농기구 사용과 함께 보다 새로운 농경 방법도 도입되었다.

　BC 1500년경 중유럽에 거주하던 켈트족이 무슨 연유에서인지 서쪽으로 민족 대이동을 시작했다. 시간이 흐르면서 그들은 프랑스의 서부 지역과 그레이트브리튼섬에 정착했다.

　아일랜드의 역사와 문화에 많은 영향을 끼친 켈트족 전사戰士 부족들은 BC 6~5세기 무렵 중유럽과 서유럽에서 건너왔다. 그들은 용맹하고 호전적인 부족으로 영토를 넓히려는 야망으로 가득 차 있었으며, 이미 남부 유럽의 많은 지역을 정복하고 있었다. 로마인들은 이들을 '갈리아 사람Gaul, Galli'이라 불렀고, 그리스인들은 '켈토이(야만인을 뜻하는 그리스어 'Keltoi'에서 유래함)'라 불렀다. 로마인과 그리스인은 야성野性을 지닌 호전적인 켈트족(AD 4세기에 로마를 약탈함)에 대해 큰 두려움을 느끼곤 했다.

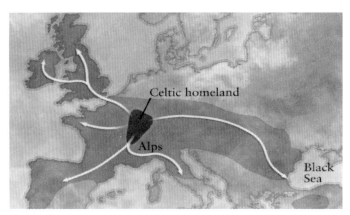

켈트족의 이동 경로

　아일랜드에 들어온 켈트족은 부족 간에 각축을 벌이면서 차례로 정착을 시도했다. 이들 중 가장 힘이 센 부족은 스코틀랜드에서 건너온 게일족Gaels이었다. 오늘날 스코틀랜드와 아일랜드에서 모국어로 사용되고 있는 아일랜드어Gaelic와 스코틀랜드-게일어Scottish-Gaelic는 이때로부터 유래한다.

켈트 사회는 부족마다 가족 단위로 이루어진 구성원이 모여 더 큰 부족을 형성했다. 당시 아일랜드에는 300여 부족들이 씨족사회를 이루어 살았다. 이들 씨족 간에는 유대와 결속이 느슨했기 때문에 좀처럼 하나의 단일 국가를 형성하지 못했으며, 이러한 이유로 이민족의 침략에도 모든 부족이 한꺼번에 완패하는 경우는 드물었다.

켈트 사회는 인도의 카스트 제도caste system처럼 철저한 계급사회로, 지식인(the Intelligentsia: 시인, 드루이드[사제], 법률가, 의사, 음악가, 역사가) 계층, 전사(戰士, the Warriors) 계층, 평민(숙련 기술자, 자유민) 계층, 그리고 최하위 계층인 노예들로 구성되었으며, 군소 왕들과 부족의 우두머리인 여러 족장이 150여 군소 왕국(각각의 왕국은 '투아흐'[tuath]라 불렸음)의 50만 농업 인구를 다스렸다. 한편, 부족장들이나 군소 왕들을 관리하는 '상급 왕High King'들이 있었는데, 300년경에는 그 숫자가 5명(각각 1개 지역씩 5개 지역을 통치함)에 달했다. 이들의 거처 겸 본부는 당시 미스 주에 있던 '타라 언덕The Hill of Tara'이었다.

타라 언덕

켈트족이 정착하던 시대에 아일랜드는 렌스터, 얼스터, 코노트, 먼스터, 미스의 다섯 지역으로 나뉘었는데, 미스 지역은 후에 렌스터에 통합되었다. 켈트족은 방어를 목적으로, 인위적인 섬이나 도랑·돌·흙벽 등으로 에워싸인 고지대에 축조한 작은 초가집 형태의 오두막이나 원형으로 된 요새에서 생활했다.

켈트족은 호전적인 족속으로, 정의감, 명예욕, 자존심이 투철했으며, 음주와 가무歌舞, 시, 웅변, 말장난 등을 즐기는 예술적 성향과 호탕한 기질의 소유자였다. 비록 그들이 정치적 조직을 갖추거나 합리적 사고를 하는 데는 다소 미숙했지만, 초자연적 존재와 영성靈性을 믿는 감성과 상상력이 풍부한 종족이었다.

한편, 켈트족의 달력calendar은 빛과 어둠의 이중성에 토대를 두었다. 그들은 낮이 아니라 밤으로 날짜를 헤아렸으며(음력을 사용함), 낮과 밤, 빛과 어둠이 교차하는 여명과 황혼 시간대(자연 세계와 영적 세계를 연결해주는 이음선)에 의미를 부여했다. 즉, 이때는 눈에 보이는 세계와 보이지 않는 세계, 물질 세계와 정신 세계, 유한 세계와 무한 세계가 상호 교차하는 신비의 순간이며, 인간 정신이 의지의 속박으로부터 자유로워지는 시간이다. 따라서 켈트족은 이러한 시간대에 초자연성과 매직magic을 체험하곤 했다. 또한, 켈트족은 계절의 변화를 기념하기 위해 4차례의 축제를 열었는데, '임볼그Imbolg'는 봄의 시작을, '벨테인Bealtaine'은 여름의 시작을, '루나사Lughnasa'는 수확 철의 시작을, '삼하인Samhain'은 수확 철의 끝을 경축하는 축제였다.

켈트족은 아일랜드에 들어올 때 금속세공, 무기 제조 등 우수한 철기 문화를 가지고 와서 기존 정착민들을 압도했으며, 들어온 지 채 200년도 되지 않아 확실한 기틀을 잡았다. 또한, 그들은 개인의 권리를 보호하고 분쟁을 정의롭게 해결하기 위해 이른바 '브레흔 법'이라는 세련된 법 제도를 확립했는데, 이 제도는 17세기 초엽 영국의 행정법으로 대체될 때까지 사용되었다.

로마는 유럽과 그레이트브리튼섬의 대부분을 정복했지만, 아일랜드섬은 날씨가 춥고 황량할 뿐 아니라 자원이 별로 없고 땅이 척박해서(로마인은 아일랜드를 '겨울의 나라 [Land of Winter]'란 뜻의 'Hibernia'로 불렀음) 애초부터 정복을 시도하지 않았다. 따라서 아일랜드의 켈트 문화는 서유럽과 그레이트브리튼섬의 켈트 문화와 다르게 순수성과 독자성을 유지해오고 있다. 2,000년 이상 전의 것으로 추정되는 헐링(hurling: 전쟁의 대체물) 경기가 그 대표적 예이다.

오검 문자

켈트족은 아일랜드를 1,000년 이상 동안 통치하면서 오늘날 아일랜드, 스코틀랜드, 웨일스, 그리고 유럽 변방에 잔존하는 언어와 문화유산을 남겼다. 그들이 가지고 온 언어는 인도 유럽어군에 속하는 '게일어'(Gaelic, 당시에는 'Goidelic'이라 부름)였다. 또한, 그들이 사용한 문자는 라틴어 및 로마자 알파벳과 유사한 '오검Ogham' 문자였다. 돌기둥이나 나무에 새겨진 이 문자의 흔적(다양한 길이의 직선이나 각이 진 형태)은 현재 아일랜드의 전역에서 300개 이상 발견되고 있다. 그들은 도기 제조와 금속 세공에도 조예가 깊었는데, 거의 2,000년 된 유물에 남아있는 소용돌이와 미로迷路 형태의 디자인은 독자적인 그들의 문화로 평가되고 있다. 또한, 몇몇 탁월한 고대 켈트족의 디자인은 더블린 국립박물관에 있는 '브로이터 칼러The Broighter Collar'나 골웨이 주에 있는 '투로 스톤The Turoe Stone' 등에서 볼 수 있다.

브로이터 칼러

투로 스톤

켈트족의 종교는 이교주의異教主義, Paganism라는 특징이 있는데, 이교주의란 기독교 이전의 종교적 윤리 체계를 의미한다. 켈트족의 이교주의는 크게 세 범주로 나눌 수 있다. 첫째는 범신론적pantheistic 신비주의 사상이고, 둘째는 이교적 낙토樂土 사상이며, 셋째는 동양의 불멸-윤회 사상이다. 켈트족은 이교 신앙을 담고 있는 '드루이드교Druidism'를 신봉했는데, 여기에서 중요한 사람은 '드루이드(Druid: 그리스어로 'drus'는 'an oak', 'wid'는 'to know' 또는 'to see'를 의미하므로 드루이드는 'oak-knower' 또는 'oak-seer'라는 뜻임)' 사제였다. 드루이드는 인도 카스트 제도의 제1 계급인 '브라만Brahman'처럼, 켈트인의 삶에서 아주 중요한 역할을 했다. 그는 예언의 권능뿐 아니라 신과 인간을 중재할 수 있는 능력도 지닌 것으로 여겨졌기 때문에, 켈트족 사회에서 막강한 영향력을 행사했다.

그는 성직자, 예언자, 재판관, 시인, 철학자, 역사가, 교육자, 의사, 천문학자, 점성가, 마술사 등의 역할뿐 아니라 제신諸神의 숭배 의식을 집행하는 한편, 부족과 개인 간의 분쟁을 판결하고 해결하는 심판관 역할도 했다. 하지만 켈트족은 그들의 이교 신앙으로는 마음의 공허를 채울 수 없었으며, 진정한 행복과 평안도 찾을 수 없었다. 따라서 그들은 기독교에 귀의하게 된다(조신권 19-44).

드루이드 사제의 종교의식

오늘날 아일랜드에서 중요한 역할을 하는 기독교는 3세기와 5세기 사이에 들어왔다. 아일랜드의 수호성인 성 패트릭St. Patrick, 389~461 이전에도 선교사들이 아일랜드에 온 적이 있지만(431년에 Palladius가 파견됨), 드루이드들의 저항에도 불구하고 토착 아일랜드인을 개종시킨 것은 패트릭의 공功이었다. 전해 오는 이야기에 따르면, 패트릭은 4세기 말에 영국 웨일스 지방의 서부 해안에서 태어났다. 그는 16세 때 해적들에게 잡혀 아일랜드로 끌려갔고, 북아일랜드 앤트림 주에 있는 슬레미쉬산Slemish

성 패트릭

Mountain 언덕에서 돼지 떼를 몰면서 6년 동안 노예 생활을 했다. 후에 그는 갈리아 Gaul 지방으로 도망쳤고, 갈리아에 있는 수도원에서 수사가 되었다. 그는 기도 중에 아일랜드로 선교하러 가라는 계시와 부름을 받고 주교가 된 후, 47세가 되던 해인 432년에 다시 아일랜드로 갔다.

그가 선교할 때 좋은 도구가 된 것은 아일랜드의 들판에 지천으로 널려 있는 토끼풀이었다. 성자와 성부와 성신이 하나라는 기독교의 '삼위일체론'을 설명하기 위해 그는 '샴록'을 들어 보이곤 했다. 그는 마침내 '아마 대성당(St. Patrick's Cathedral, Armagh: 아일랜드 가톨릭과 신교 대주교의 본거지)'을 건립하여, 이곳을 기점으로 모든 아일랜드 사람들을 기독교로 개종시키고자 했다. 그의 전도는 성공적이어서, 전도한 지 채 30년도 안 되어 아일랜드섬에 살고 있던 거의 모든 사람이 기독교를 받아들였다. 그의 본거지는 오늘날 북아

샴록

일랜드의 '아마'였다. 그는 또한 이교 신앙의 상징인 뱀을 바다로 내쫓았다는 일화도 있다. 기록에 따르면 그는 461년 3월 17일 영면永眠했다. 지금도 그가 세상을 떠난 3월 17일은 '세인트 패트릭스 데이Saint Patrick's Day'로 지정되어 전 세계에서 기념되고 있다. 이날이 되면 세계 곳곳에 있는 아일랜드인은 성 패트릭 모자와 초록색 옷으로 온몸을 치장하고, 퍼레이드(parade, 가두 행진)를 벌이며, 기네스 맥주를 마신다.

7~8세기 무렵에 이르러 기독교가 보급되고 수도원이 설립되면서 문화와 예술이 화려하게 꽃피기 시작했다. 이때는 학문, 문학, 예술, 시, 노래, 돌 조각, 장식 기술, 보석 세공 등 모든 분야가 번창하는 이른바 문화의 황금기였다. 곳곳에 세워진 수도원이 문화의 중심지 역할을 했다. 전국에 산재한 수도원에서 수사들은 '이글루 형태의 돌로 된 벌집 오두막stone igloo beehive hut'에 칩거한 채 구전문학을 기록하고, 각종 문헌을 필사·장식·번역하는 일에 전념했다. 이 때문에 당시 유럽의 대부분 지역이 중세 암흑기로 접어들었지만, 유독 아일랜드만이 화려한 켈트 문화를 꽃피우며 '성자와 학자의 나라The Land of Saints and Scholars'로 널리 알려지게 되었다. 수

이글루 형태의 돌로 된 벌집 오두막

많은 학자가 학문을 배우기 위해 유럽 전역에서 몰려들었고, 성 골룸바St. Columba, Colmcille, 성 골룸바노St. Columbanus of Bobbio 등의 아일랜드 선교사들은 유럽을 두루 여행하면서 스위스, 스페인, 프랑스, 심지어 잉글랜드의 이교도까지 개종시켰다.

수도원의 수사들은 금속 및 각종의 재료들로 아다 찰리스Ardagh Chalice나 타라 브로치Tara Brooch 같은 화려한 예술품은 물론, 오늘날 더블린 트리니티대학Trinity College Dublin의 올드 라이브러리Old Library에 소장된 '북 오브 켈스(The Book of Kells: 세계적으로 유명한 채색필사본 복음서로, AD 800년경 스코틀랜드 서쪽 이오내[Iona] 섬에 있는 성 골룸바 수도원의 수사들에 의해 만들어졌으나, 바이킹의 습격을 피하기 위해 켈스[Kells] 지역에 있는 수도원으로 옮겨짐)'를 비롯하여, 우아하고 정교한 장식 사본寫本들을 만들었다. 또한, 기독교의 성공적 보급을 자축하고, 무지한 대중의 전도와 교육을 위해 돌로 된 '켈틱 하이 크로스The Celtic High Cross'를 세웠는데, 모나스터보이스Monasterboice 수도원의 '머독 크로스(The Cross of Murdock: 18피트 높이의 돌 십자가에 성경의 이야기를 담은 다양한 종류의 문양과 형태들이 새겨져 있음)'는 가장 널리 알려진 십자가 중 하나이다.

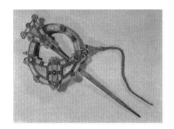
타라 브로치

아다 찰리스

모나스터보이스 수도원에 있는 '켈틱 하이 크로스'

북 오브 켈스

북 오브 켈스The Book of Kells

서기 800년경에 제작된 '북 오브 켈스'는 세계적으로 유명한 채색필사본 복음서로, 이 세상에서 가장 오래된 책 중 하나이며, 화려한 장식과 색상으로 중세 유럽 도서 중 가장 아름다운 작품으로 손꼽힌다. 서기(書記) 네 명과 삽화가 세 명이 680페이지(340 folio)에 달하는 이 책을 수년에 걸쳐 일일이 손으로 만드는 데는, 양(羊) 185마리분의 양피지를 비롯하여 식물과 광물로부터 채취한 천연물감과 세계 각지로부터 수입한 고급 물감이 쓰였다. 이 책은 신(神)의 말씀을 담은 성스러운 도서일 뿐만 아니라, 사용된 재료만으로도 지상 최고의 보물이다. 따라서 이 책은 종교적 측면에서는 물론 예술적·문화적 측면에서도 최고의 평가를 받고 있는 문화유산이다.

이 책은 스코틀랜드 서쪽의 이오나(Iona) 섬에 있는 성 골룸바(St. Columba, Colmcille) 수도원의 수사들에 의해 만들어졌으며, 바이킹족의 습격에 대비하기 위해 미스 주에 있는 켈스 수도원(Kells Abbey)에 보관되어 있었으나 불행하게도 1006년 도난을 당했다. 몇 개월 뒤인 1007년에 되찾긴 했지만 정교한 금, 은, 보석 세공으로 제작되어 아름답기로 소문 난 겉표지는 끝내 찾지 못한 채 영원히 소실되고 말았다. 이후 1653년에 수도 더블린으로 옮겨진 뒤, 1661년부터는 더블린 트리니티대학(Trinity College Dublin, TCD: 1592년에 설립됨)에 소장되어 있다. 1953년에 네 권의 복음서로 재제본되었으며, 이들 중 두 권은 훼손을 방지하기 위해 몇 달에 한 번씩 페이지를 바꿔가며 상시 전시되고 있다.

책의 주요 내용은 신약성서 중 예수 그리스도의 일생을 라틴어와 그림(인간, 천사, 동물 형태의 그림과 동양의 카펫에서 볼 수 있는 디자인과 문양 형태의 그림)으로 담은 네 권의 복음서이다. 대부분이 문맹(文盲)이었던 중세인에게 책이라는 작은 물건이 이처럼 무궁무진한 이야기를 전달했다는 것 자체가 놀라운 기적이었다. 그뿐만 아니라 오랜 세월이 지나도 견고함과 아름다움을 유지할 수 있도록 과학적으로 제작되어, 후대에 온전한 모습을 보여주는 것으로도 높이 평가된다.

오펄리 주에 있는 더로우Durrow와 클론맥노이즈Clonmacnoise, 위클로Wicklow 주에 있는 글랜달록Glendalough, 라우스Louth 주에 있는 모나스터보이스뿐만 아니라, 스켈리그 마이클 바위섬, 뱅거Bangor, 아마Armagh 등 당대의 대표적 수도원 유적지에서 이러한 십자가들을 볼 수 있다.

바이킹의 침략

8세기 말에 노스족Norsemen, 데인족Danes으로 알려진 바이킹족(Vikings: 전사[戰士, warriors]라는 뜻)이 약탈품을 찾아 스칸디나비아Scandinavia반도半島로부터 아일랜드를 침입했다. 그들은 795년 날렵하고 튼튼한 배를 타고 더블린 인근에 있는 램베이Lambay섬에 최초로 상륙했다. 그들은 동해안의 해안선을 타고 기습공격을 감행했고, 강을 따라 내륙으로 전략적인 잠입을 시도했다.

이후 40년 동안 그들은 요새화된 기지를 세우고 당시 번창하던 수도원을 약탈하기 시작했다. 또한, 교회를 불태우고 민간인을 강간하는가 하면, 황금 성배, 은촛대 받침, 보석으로 장식된 필사본 복음서 표지 등을 노략질했다. 처음에 토착민은 부족 간의 갈등으로 인해 바이킹족의 침략에 체계적으로 대항하지 못했고, 잘 무장한 바이킹족을 상대하기에는 무기와 군대도 역부족이었다. 게다가 일부 토착민조차도 개인적 이득을 위해 바이킹족의 습격에 가담했다. 수사들은 바이킹족의 습격에 대비하고 귀중한 보물을 지키기 위해 높은 원형 탑Round Tower을 세웠는데, 이

글랜달록에 있는 원형 탑

바이킹족의 배

탑들은 공격을 받을 때 망루나 피신처 역할을 했다. 수도원 경내나 인근에 세워진 이 원형 탑들은 높이가 27~30미터에 달하고, 출입문은 바이킹족의 접근을 막기 위해 지상으로부터 4.5~6미터 떨어진 곳에 위치했다. 오늘날 글랜달록, 모나스터보이스, 디비니쉬Devinish 등의 수도원 유적지에서 현존하는 원형 탑의 온전한 모습이나 잔재들을 볼 수 있다.

하지만 830년경부터 바이킹족은 노선을 바꿔 약탈 대신 정착을 시도했다. 따라서 남부 해안가에 군데군데 바이킹족의 정착지가 생겨났으며, 9세기와 10세기에는 바이킹족이 아일랜드의 전 지역을 점령했다. 841년에는 '더브 린(Dubh Linn: 어원상으로는 '검은 연못[Black Pool]'이라는 뜻이며, 공식 아일랜드어 명칭은 'Baile Atha Cliath')'이라는 바이킹족의 왕국을 세웠는데, 이곳이 후에 아일랜드 공화국의 수도 더블린Dublin이 되었다. 10세기에 그들은 또한 코크Cork, 리머릭Limerick, 워터퍼드Waterford, 웩스퍼드Wexford 등과 같은 주요 도시들도 세웠다.

9세기 말부터 바이킹족은 토착민보다 더 아일랜드화 되었으며, 두 종족 간에 결혼은 물론, 기독교도 받아들였다. 더블린의 바이킹족 왕 시트릭 실켄베어드Sitric Silkenbeard는 1000년에 기독교로 개종했고, 오늘날 '크라이스트 처치 대성당Christ Church Cathedral' 자리에 성당도 세웠다.

이들 바이킹족은 약탈자에서 근대적 의미의 도시를 세운 교역자交易者로 전향했다. 그뿐만 아니라 그들은 주조 화폐, 선박 축조 기술, 새로운 예술 양식, 도시 생활방식 등을 도입하는 데에도 기여했다. 일찍이 6세기에 아일랜드의 선교사 성 브렌던St. Brendan은 선교를 위해 작은 배를 타고 최초로 대서양을 횡단하여 아메리카 대륙까지 항해했는데, 이때의 항해 일지가 『성 브렌던의 항해The Voyage of St. Brendan』로 기록된 것도 이 시기였다.

바이킹족의 존재는 아일랜드의 여러 부족이 일치단결하는 계기가 되었으며, 이러한 이유로 바이킹족은 1014년 더블린 교외에 있는 클론타프Clontarf에서 당시 먼스터의 왕 브라이언 보루Brian Boru의 군대에게 패했다. 그 결과 바이킹족의 지배력이 와해되었다. 브라이언 보루도 이 전투에서 목숨을 잃었지만, 자신의 왕국은 구했다. 이후 1166년 코노트의 왕 로리 오코너Rory O'Connor가 내분을 잠재우며 아일랜드의 상급 왕으로 통치했으나, 바이킹족의 후예인 노르만족에게 정복당했다.

노르만 정복

노르만족The Normans은 원래 스칸디나비아반도에서 건너온 사람들로, 오늘날 프랑스의 노르망디Normandy 지역에 정착해서 살았다. 노르망디는 원래 프랑스의 땅이었으나, 바이킹족이었던 노르만족의 침략이 거세지자, 프랑스 국왕이 이들의 충성 서약에 대한 보답으로 911년 이 땅을 노르만들에게 하사하면서부터 붙여진 명칭이다.

잉글랜드의 해롤드 2세Harold II가 왕이 되자 노르망디 공작 윌리엄William Duke of Normandy은 참회 왕 에드워드Edward the Confessor로부터 왕위 계승을 약조 받았다고 주장하면서, 1066년 잉글랜드를 침략하여 헤이스팅스 전투Battle of Hastings에서 승리를 거둔 뒤, 그해 성탄절에 곧바로 런던의 웨스트민스터 사원Westminster Abbey으로 건너가서 윌리엄 1세William I로 즉위하였다. 이렇게 해서 약 600년 동안 지속해온 앵글로색슨 왕조가 끝이 나고 유럽 대륙 세력인 '노르만 왕조The House of Normandy, 1066~1154'가 들어서게 되었다. 흔히 '노르만 정복Norman Conquest'으로 알려진 이 사건은 노르만 왕조의 시작임과 동시에 잉글랜드의 역사에서 하나의 획을 긋는 중요한 사건이었다.

1세기 뒤인 1166년 노르만족이 아일랜드에서 교두보를 확보할 수 있었던 것은 순전히 더모트 맥머로우Dermot MacMurrough, 1110~1171 때문이었다. 1120년대부터 렌스터의 왕(1126~1171)이었던 맥머로우는 1166년, 당시 경쟁 관계에 있던 로리 오코너 왕과의 전투에서 패하자, 도움을 청하기 위해 잉글랜드로 달려갔다. 그는 헨리 2세Henry II에게 신하의 예를 갖춘 뒤, 당시 펨브로크Pembroke의 백작이었던 리차드 핏즈-길버트 드 클래어Richard Fitz-Gilbert de Clare를 만나 일종의 거래를 했다. 스트롱보우Strongbow라는 이름으로 더 잘 알려진 리차드 드 클래어는, 맥머로우 딸과의 정략결혼과 맥머로우 사후死後 렌스터 왕국을 상속한다는 조건으로 아일랜드에 군대를 파견하는 데 동의했다.

1169년 5월, 최초의 앵글로-노르만 군대가 웩스포드 주에 있는 '밴나우만 Bannow Bay'에 상륙했고, 맥머로우는 이 군대의 도움으로 웩스퍼드를 쉽게 점령했다. 이 일이 있은 직후 맥머로우는 렌스터의 왕권을 되찾았는데, 이때 그가 외국인의 도움을 받았다 하여 '외국인들의 더모트Dermot of the Foreigners'로 알려지게 되었다.

다음 해인 1170년, 스트롱보우가 도착해서 피비린내 나는 전투를 치른 뒤 더블린과 워터퍼드를 점령했고 맥머로우의 딸 이바Eva, Aoife와 결혼했다. 1171년 5월, 맥머로우는 예기치 않게 세상을 떠났고, 스트롱보우는 계약 조건에 따라 렌스터의 왕권을 승계했다. 그러나 스트롱보우가 계승한 왕국은 좀처럼 안정을 되찾지 못했다. 한편, 헨리 2세는 교황(하드리아노 4세[Hadrian IV])으로부터 아일랜드의 지배자로 인정을 받으려는 조치를 취하고, 스트롱보우가 하는 일을 지대한 관심과 불안한 마음으로 지켜보고 있었다. 잉글랜드 왕에게는 스트롱보우의 세력이 커가는 것과 그의 독자적인 행보가 큰 관심사였다. 마침내 1171년 헨리 2세는 잉글랜드의 막강한 해군

스트롱보우와 이바의 결혼식 장면

병력을 워터퍼드에 상륙시키고, 워터퍼드를 '왕의 도시Royal City'로 선포토록 했다. 이로써 헨리 2세는 아일랜드 땅에 발을 들여놓은 최초의 노르만 군주가 되었으며, 길고도 운명적인 잉글랜드의 아일랜드 통치의 씨앗이 뿌려지게 되었다.

노르만들은 그들 이전의 바이킹족처럼 아일랜드에 정착했으며 토착문화에 쉽게 동화되었다. 그들은 아일랜드어를 사용하고, 아일랜드 가문家門의 사람들과 결혼했으며, 아일랜드인처럼 옷을 입었고, 아일랜드의 민속놀이를 했으며, 성姓도 아일랜드 말로 바꾸어 사용했다. 그들은 문자 그대로 토착 아일랜드인보다 더 아일랜드화 되어 갔다. 마침내 잉글랜드의 왕은 1366년 킬케니Kilkenny 의회에서 '킬케니 성문법The Statutes of Kilkenny'을 제정하여 이와 같은 추세를 뒤엎고자 했다. 이 법의 취지는 토착민들과 노르만들 간의 결혼을 막고, 아일랜드어와 아일랜드식 이름, 전통 경기인 헐링과 안장 없이 말을 타는 것 등을 금하는 일종의 '인종과 문화 분리정책'을 취함으로써 두 종족 간의 동화同化를 막고, 잉글랜드 왕실의 통치권을 강화하자는 것이었다.

그러나 이러한 조치들은 때늦은 감이 있었다. 왜냐하면, 이 시기에 앵글로-노르만 귀족들은 토착민들과 결속해서 이미 독자적인 세력의 기반을 갖추고 있었기 때문이다. 그뿐만 아니라 잉글랜드가 프랑스와 '백년 전쟁The Hundred Years War, 1337~1453'을 치르고, 랭커스터 가문The House of Lancaster과 요크 가문The House of York 사이에 '장미전쟁The Wars of the Roses, 1455~1485'을 벌이는 동안, 많은 수의 부재지주들은 킬데어Kildare의 백작들과 같은 대리인들을 내세워 농경지를 관리했으며, 잉글랜드의 왕도 자신의 대리인 총독을 파견하여 식민지를 통치했기 때문이다. 이후 2세기 동안 잉글랜드의 통치는 당시 '페일(The Pale: 말뚝, 울타리, 경계를 뜻하는 라틴어 'pallus'에서 유래한 말로, 잉글랜드의 통치 지역을 의미함)'로 알려진 더블린 인근 50마일 지역으로 점차 축소되었다.

노르만들이 아일랜드인의 생활방식에 미친 영향은 지대했다. 그들은 봉건제도와 중앙집권적 행정제도를 들여왔는데, 이는 기존의 씨족 중심의 사회제도와는 완전히 다른 것이었다. 따라서 봉건제도feudal system와 행정제도가 새로 도입됨에 따

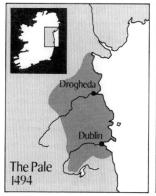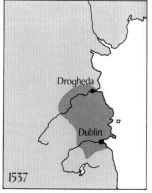

페일 지역의 범위

라 정부, 사회, 도시, 종교단체 등이 새롭게 재편되었고, 독자적으로 분산되어 있던 수도원들도 대륙에서 유입된 프란체스코 수도회Franciscans, 아우구스티누스 수도회Augustinians, 베네딕트 수도회Benedictines, 시토 수도회Cistercians 등으로 대체되었다.

또한 '관습법Common Law'으로 명명되었던 법 제도가 들어옴에 따라 배심원과 보안관 제도가 생겨났고, 하프(오늘날 아일랜드의 엠블럼)를 상징으로 한 주화가 만들어졌으며, '주州, county'를 단위로 하는 행정제도(더블린은 1200년에 최초의 주[州]가 됨)가 시행되었다. 그뿐만 아니라 노르만들은 뛰어난 군사 기술과 독특한 건축술도 가지고 왔다. 그들은 토착민들의 땅을 몰수하여 신흥 영주들에게 나누어주고, 군사적인 구조물로 거대한 성城을 축조해 이곳에서 광활한 농경지를 관리했다. 1250년 무렵에 노르만들은 아일랜드를 거의 정복해서, 전 국토의 3/4이 이들의 수중으로 들어갔다.

군주의 지배권 행사

16세기에 유럽의 열강들이 북·남미 식민지 쟁탈전을 벌이는 동안 아일랜드는 전략상 중요성을 더해갔다. 무엇보다도 잉글랜드의 증강된 해군력이 스페인의 신대륙 독점권을 위협하자, 스페인은 아일랜드를 잉글랜드를 공격하기 위한 교두보로 활용하기 시작했다. 더욱이 루터Martin Luther의 종교개혁으로 기독교 세력이 가톨릭과 신교로 양분되면서 가톨릭 국가인 아일랜드는 이전보다 더 뜨거운 감자가 되었다. 따라서 유럽의 가톨릭 국가들은 가톨릭 국가인 아일랜드를 이용하여 신교 국가로 새롭게 부상하는 잉글랜드의 세력을 저지하고자 했다. 특히, 가톨릭 국가인 스페인과 프랑스는 아일랜드와 연대해서 잉글랜드에 공동으로 대적하는 외교 전략을 폈다. 이에 맞서 잉글랜드의 헨리 8세Henry VIII는 프랑스와 스페인이 아일랜드를 교두보로 삼아 침략해올 것을 염려한 나머지 통치권 강화에 나섰다.

헨리는 아일랜드의 문화에 동화되어 자기에게 복종하지 않는 노르만 귀족들 대신 더블린에 왕의 대리인을 직접 파견함으로써 아일랜드를 통치하고자 했다. 이는 아일랜드의 정치, 사회, 종교 영역에 새로운 문제와 긴장을 일으켰다. 그러나 이보다 더 큰 긴장과 분규는 종교적 문제에서 비롯되었다. 1534년 헨리가 가톨릭과 결별을 선언하고 잉글랜드 국교회를 세운 데 반해, 토착 아일랜드인과 노르만들은 가톨릭을 신봉하며 공동의 유대를 더욱 강화해 나갔기 때문이다.

헨리는 집요하게 저항하며 영향력을 행사하는 킬데어의 백작들(앵글로-노르만 핏츠제럴드[Fitzgerald] 가문의 사람들)을 토벌하려 했는데, 이는 그들이 늘 자신의 통치권에 심각한 위협으로 작용했기 때문이다.

당시 킬데어를 통치하던 백작의 아들 실큰 토마스Silken Thomas는, 헨리가 잉글랜드에서 자기 아버지를 처형했다는 거짓 구실로 1534년 더블린과 그곳 잉글랜드 수비대를 공격했다. 이에 분노한 헨리는 더욱 과감한 공격으로 보복했다. 결국, 반란은 진압되었고, 토마스와 그의 추종자들은 처형되었다. 또한, 이에 대한 보복으로— 이는 이후 2세기 동안 계속 자행되었지만— 핏츠제럴드 가문의 토지는 잉글랜드의 이주민들에게 무상으로 나누어 주었고, 잉글랜드의 총독이 임명되었다.

이어서 헨리는 캐서린 왕비Catherine of Aragon와의 이혼 문제로 관계가 불편하던 가톨릭교회의 재산 몰수에 나섰다. 헨리의 군대는 아일랜드에 있는 수도원을 약탈하고 해체시킨 뒤, 1541년 아일랜드 의회로 하여금 자신을 아일랜드의 왕으로 선포하도록 했다.

헨리의 뒤를 이은 엘리자베스 1세Elizabeth I는 아일랜드에서 왕권 강화를 더욱 공고히 했다. 또한, 각 지역에서 지배계층이 연이어 반란을 일으켰지만, 코노트와 먼스터에 사법권을 확립했다. 얼스터는 아일랜드 족장들의 최후의 전초지前哨地였다. 티론Tyrone의 백작이었던 휴 오닐Hugh O'Neill은 아일랜드에서 엘리자베스 여왕의 세력에 대항한 최후의 인물이었다. 오닐은 자신의 성城의 지붕을 개조한다는 명분으로, 잉글랜드에 납을 주문해서 이것을 총알의 재료로 사용했다. 이 일은 잉글랜드와의 불화를 부추겼고, 결국 '9년 전쟁The Nine Years' War, 1594~1603'을 유발시켰다. 그는 용감하고 수완이 뛰어난 인물이었으므로, 잉글랜드 군대는 그와 대항한 7년간의 전투에서 이렇다 할 성과를 내지 못했다.

1601년에 있었던 '킨세일 전투The Battle of Kinsale'에서, 4,500명의 스페인 원군援軍의 지원을 받은 아일랜드 군대는 결국 잉글랜드 군에게 패했다. 이 전투에서 오닐이 살아남긴 했지만, 그의 세력은 와해되어 마침내 잉글랜드 왕에게 항복했다. 이어 1607년 9월 14일, 오닐과 로리 오도넬Rory O'Donnel을 비롯한 90명의 얼스터 귀족들은 아일랜드를 영원히 떠나 유럽 대륙으로 도주했다. '백작들의 도주The Flight of the Earls'로 알려진 이 사건은, 얼스터 지역이 잉글랜드의 식민통치를 받는 실마리가 되었다. 이제 역사상 처음으로 아일랜드의 전 지역이 더블린에 중심을 둔 강력한 잉글랜드 정부로부터 식민통치를 받게 되었다. 심지어 아란섬과 같이 멀리 떨어진 곳도 왕의 대리인이 직접 통치했다.

토착 귀족들이 사라지자 엘리자베스와 그녀의 후계자 제임스 1세James I는 '플랜테이션Plantation'이라고 알려진 본격적인 식민植民정책을 시행했다. 즉, 토착민들과 노르만들로부터 티론Tyrone, 도니갈Donegal, 아마Armagh, 앤트림Antrim에 있는 50만 에이커에 이르는 방대한 옥토沃土를 몰수(1610~1641)하여 잉글랜드의 귀족들에게 나누어주었다. 대부분이 부재지주였던 잉글랜드 귀족들은, 하사받은 토지를 분할하여 잉글랜드와 스코틀랜드에서 건너온 25,000여 이주민들에게 임대했으며, 그들은 또다시 토지를 나누어 소작인들에게 임대했다.

이들 신교도(주로 스코틀랜드계 장로교도) 새 지주들은 이전의 침략자들과는 다르게 아일랜드의 토착민 및 앵글로-노르만 가톨릭교도와 쉽게 동화하려 들지 않았다. 즉, 그들은 스코틀랜드식 이름을 유지했고, 장로교를 고수했으며, 잉글랜드 왕에게 충성을 서약했다. 이는 결국 오늘날까지 이어지는 얼스터 분규의 씨앗을 뿌린 역사적 사건이 되었다.

심화되는 종교 분규

처녀 여왕 엘리자베스 1세가 1603년 후사 없이 세상을 떠나자, 당시 스코틀랜드의 왕이었던 제임스 6세James VI가 잉글랜드의 왕 제임스 1세James I, 1603~1625로 추대됨으로써 스튜어트 왕조The Stuart Dynasty가 시작되었다.

제임스 1세는 '왕권신수설The Divine Right of Kings'을 신봉하면서 왕권 강화정책을 추진했지만, 종교적 갈등에서 비롯된 정치적 불안으로 인해 내정이 어수선했다. 한편, 잉글랜드 국교회 내의 혁신파인 청교도Puritan들은 형식적 예배의식을 고수하는 국교회의 개혁과 의회의 권한 확대를 집요하게 요구했다. 하지만 제임스 1세는 왕권신수설을 내세워 번번이 이를 거부했다.

스튜어트 왕조 치하에서 왕실과 의회 간의 불화는 끊이질 않았으며, 1625년 제임스 1세의 차남 찰스 1세Charles I, 1625~1649가 즉위하자 왕실과 의회의 대립은 더욱 격화되었다. 찰스 1세는 낭비벽이 심했으며, 스코틀랜드의 정벌 등에 국고를 탕진했고, 세금을 통해 이를 만회하고자 했다. 마침내 의회는 1628년 왕의 자의적인 권력 행사를 제한하는 내용의 '권리청원權利請願, The Petition of Right'을 승인토록 함으로써 의회의 권능을 강화하고자 했다. 하지만 찰스 1세는 의회를 해산시킨 후, 1629년부터 1640년까지 장장 11년 동안 의회 없이 통치하며 세금을 대폭 인상함으로써 관계를 악화시켰다.

왕과 의회의 갈등은 급기야 1642년 국왕을 지지하는 왕당파Royalists, Cavaliers와 국왕에 반대하는 의회파Roundheads 사이에 '내란(The Civil War, 청교도 혁명: 1642~1660)'을 유발시켰다. 내란 초기에 의회군은 패전을 거듭하며 왕당파 군대에 연이어 패했다. 왕당 파 군대는 정예군인 데 반해 의회군은 갑작스레 꾸려진 임시 군대였기 때문이다. 이러한 국면을 전환하기 위해 당시 의회파의 지도자였던 올리버 크롬웰Oliver Cromwell, 1599~1658은 기병대를 조직했다. 그의 기병대는 규율이 엄하고 용맹스러웠으며 갑옷 으로 무장했기 때문에 '신형군新型軍, New Model Army' 혹은 '철기대鐵騎隊, Ironsides'라 불렸 다. 내란은 결국 의회파의 승리로 끝이 났고, 찰스 1세는 단두대에서 처형되었다.

　이후 군대의 지지를 받은 크롬웰은 1653년 공화정The Republic, The Commonwealth을 세우고, 이른바 '통치장전The Instrument of Government'이라는 새로운 헌법을 공포한 뒤 '호국경Lord Protector'으로 취임했다. 이때부터 크롬웰은 잉글랜드의 내정, 외교, 군사, 입법을 모두 장악하는 최고 통치자가 되어 신권정치神權政治, Theocracy에 버금가는 군 사 독재정치 체제를 구축했다. 당시 크롬웰은 청교도적 율법에 따라 공화정을 엄 하게 통치했기 때문에 잉글랜드의 사회는 큰 변혁을 겪게 되었다.

　1658년 크롬웰이 죽자 그의 아들 리처드 크롬웰Richard Cromwell, 1658~1659이 후계 자가 되었다. 하지만 의회는 1660년 리처드를 실각시킨 뒤, 당시 프랑스로 망명해 있던 찰스 1세의 아들을 불러들여 찰스 2세Charles II, 1660~1685로 즉위케 함으로써 왕 정王政을 복구The Restoration했다. 그동안 크롬웰의 독재통치에 시달렸던 잉글랜드 국 민은 새로운 왕이 전통적 질서를 회복시켜줄 것을 기대하며, 종소리와 축포, 꽃과 포도주로 축제를 벌이며 새로운 왕을 열렬히 환영했다.

　1640년대 한동안 지속된 잉글랜드의 내란은 아일랜드의 정세에 심각한 영향 을 미쳤다. 아일랜드의 소작인들은 왕과 의회 간의 갈등으로 야기된 불안한 시국 을 십분 이용하여 잉글랜드계 지주들에게 조직적으로 반기를 들었다. 급기야 1641 년에는 잉글랜드계 지주 4,000여 명을 학살하는 '이주민 대학살The Massacre of the Planters' 사건이 발생했다. 한편, 아일랜드의 토착민과 앵글로-노르만 가톨릭교도The Old English는 1642년에 이른바 '킬케니 동맹The Confederation of Kilkenny'을 맺고, 아일랜드 에서 가톨릭 세력의 회복을 희망하며 신교도 의회군에 대항하는 찰스 1세를 도왔다. 10년간의 반란 기간에 수많은 사람이 아일랜드 땅에서 피를 흘렸다.

찰스가 패하고 처형된 뒤, 승리를 거둔 의회군 지도자 올리버 크롬웰은 아일랜드에서 왕당파 잔여세력을 몰아내고 이주민 대학살에 대한 보복을 감행했다. 크롬웰은 1649년 12,000명의 군인과 함께 아일랜드로 진군해 드로이다Drogheda와 웩스퍼드에서 무차별 대량 학살(6,000여 명)을 자행한 뒤, 국토 전역을 짓밟으면서 대다수 국민을 죽음의 공포로 떨게 했다. 그의 야만적 행위에 대한 소문이 빠르게 퍼져나가자, 대부분 도시는 그의 군대가 접근해오면 아무런 저항 없이 항복했다. 많은 아일랜드 토착민은 재산을 몰수당한 채 섀넌강 너머에 있는 황량하고 척박한 코노트 지역으로 추방되었다. '지옥으로 갈래 아니면 코노트로 갈래?To Hell or to Connaught?'라는 말과 '크롬웰의 저주The Curse of Cromwell'라는 말이 생겨난 것도 바로 이때였다. 국토의 25% 이상인 200만 헥타르(1천 100만 에이커)의 땅이 몰수되어 크롬웰 지지자들의 수중으로 넘어갔고(당시 가톨릭교도의 토지 소유 비율: 1641년 59%, 1714년 7%), 인구는 조직적인 학살과 기근 그리고 역병으로 인해 50만 명으로 줄었다.

크롬웰이 죽은 뒤 1660년 잉글랜드에서 왕정이 복구되었고, 당시까지 심한 박탈감에 사로잡혔던 아일랜드인은 1685년 가톨릭교도였던 제임스 2세James II가 왕위에 오르자 희망을 품게 되었다. 하지만 잉글랜드의 신교도는 제임스의 종교적 성향과 귀족정치 체제의 징후에 불만을 품었다. 따라서 얼마 되지 않아 제임스의 신교도 딸 메리Mary와 그녀의 남편 오렌지공☆ 윌리엄William, Prince of Orange이 왕위 계승자로 추대되었다. 1689년 제임스는 프랑스로 망명했으나 이후 아일랜드로 건너가서 망명 의회를 구성했다. 그는 아일랜드에서 군대를 모아 의회가 임명한 신교도 왕 윌리엄 3세William III, 1689~1702로부터 왕위를 되찾고자 했다. 제임스는 3월에 킨세일에 도착한 뒤 곧바로 북쪽에 있는 더블린으로 향했다. 여기에서 아일랜드 의회는 그를 왕으로 인정했고, 제임스는 몰수된 토지를 가톨릭 지주들에게 되돌려 주고자 했다. 이 목적을 위해 제임스의 군대는 런던데리Londonderry시市를 포위한 뒤 공격했다.

이 포위 공격은 1690년 4월부터 7월까지 지속되었는데, 1690년 6월 윌리엄이 직접 300척의 함대를 이끌고 벨파스트에 도착했다. 105일간의 포위전에서 시민 3만 명 중 1/4이 굶어 죽었다. 이후 아일랜드의 신교도 사이에서 '항복은 없다!No Surrender!'라는 구호가 나돌게 된 것은 이 포위 공격 때문이었다.

곧이어 스코틀랜드 출신의 제임스가 이끄는 아일랜드의 가톨릭 군대(1만 5,000명)와 네덜란드 출신의 윌리엄이 이끄는 잉글랜드의 신교도 군대(3만 6,000명)가 7월 12일 보인강The Boyne River에서 '보인 전투The Battle of the Boyne'를 벌였다. 치열한 전투 끝에 결국 제임스가 패해 그는 자신의 군대와 함께 또다시 망명길에 올랐다. 이로써 윌리엄의 군대는 심리적인 면에서나 전략적인 면에서 완벽한 승리를 거두었다. 이날에 거둔 윌리엄의 승리는 역사의 전환점으로 기록되고 있으며, 오늘날까지도 북아일랜드의 신교도 사이에서 '교황과 가톨릭'에 대항해서 거둔 가장 중요한 승리로 기념되고 있다.

보인 전투 장면

백마를 타고 있는 빌리 왕의 모습

이 사건은 지금으로부터 330여 년 전에 발생했지만, 이는 역사의 처절한 현장으로 얼스터 지역에서는 지금도 여전히 기억되고 있다. 신교도는 오늘날도 자신들을 '오렌지 사람들(Orangemen: 오렌지 공 윌리엄을 본뜬 명칭)'이라 부르며, 해마다 가톨릭 군대에 대항해서 거둔 윌리엄의 승리를 깃발을 들고 퍼레이드를 벌이며 경축하고 있다. 지금도 벨파스트에 있는 연립주택의 벽에는 당시 '빌리 왕King Billy'으로 불리던 윌리엄과 그가 탔던 백마白馬의 모습이, '항복은 없다!'라는 구호와 함께 그려져 있다.

리머릭은 또 다른 치열한 격전의 현장이었다. 이 전투에 대한 기억 또한 아일랜드인의 뼛속 깊이 사무쳐 있다. 1691년에 이른바 '리머릭 협정The Treaty of Limerick'이 조인됨에 따라, 1만 4,000명에 달하는 아일랜드의 가톨릭 무장 군인들이 '기러기The Wild Geese'가 되어 아일랜드 땅을 영원히 떠났다. 리머릭에 남아 끝까지 그 지역을 사수한 이들은 생업에 계속 종사할 수 있는 권한과 종교적 자유는 얻었지만, 이 약속은 '조인서의 잉크가 마르기도 전에' 교묘한 방법으로 파기되었다. 이후 얼마 되지 않아 가톨릭교도의 아일랜드 토지 점유율은 전체 토지의 1/7 이하로 줄어들었고, 더욱 악랄한 조치들이 뒤따랐다.

가톨릭교도의 토지 소유와 공직의 취업을 금하는 극악한 '형법The Penal Laws'이 1695년부터 효력을 발하기 시작했다. 이 형법은 가톨릭교도가 지배 체제에 편입되지 못하도록 해야 할 필요가 있다고 판단된 지역들에서 시행되었다. 또한, 가톨릭을 근절하기 위해 아일랜드의 문화와 음악 그리고 교육이 금지되었다. 가톨릭교도 대부분은 은밀한 장소에서 미사를 거행했지만, 법률가 같은 전문 인력과 부유층 지주들은 지위와 재산을 보전하기 위해 신교로 개종했다. 종교보다는 계급적 특권과 토지의 소유가 더 중요했기 때문이다. 토지는 계속해서 신교도의 수중으로 넘어갔고, 대다수 가톨릭교도는 만성적 가난에 시달리며 비참한 생활을 영위하는 소작인으로 전락했다. 18세기 말 무렵에 가톨릭교도는 전국 토지의 5%만을 소유하고 있었다.

아일랜드 민족주의의 대두

미국의 독립전쟁The American War of Independence, 1775~1783은 아일랜드의 정치에 큰 영향을 미쳤다. 독립전쟁은 아일랜드의 신교도 지배계층이 자치 정부를 수립하도록 자극했다. 1782년에 더블린 의회는 헨리 그래탄Henry Grattan, 1746~1820의 노력으로 명실상부한 독립적 지위를 인정받았다. '자유, 평등, 박애'를 기치로 내건 프랑스 대혁명French Revolution, 1789~1794 역시 아일랜드의 정세에 많은 영향을 미쳤다. 이러한 여파로 아일랜드에서는 1791년에 '아일랜드인 연맹The United Irishmen'이라는 단체가 설립되었다. 이 단체를 이끈 주도적 인물은 더블린 출신의 젊은 신교도 테오발드 울프 톤Theobald Wolfe Tone, 1763~1798이었다. '아일랜드인 연맹'은 개혁을 위해 다양한 신념을 가진 사람들을 결속시키고, 무력을 이용해서 영국과의 관계를 청산하며, 아일랜드인이라는 공통의 이름으로 신교도, 가톨릭교도, 비非국교도의 통합을 도모한 일종의 비밀결사 조직이었다. 그러나 정치에 직접 개입함으로써 세력을 확보하고자 했던 이 단체의 노력은 결국 수포로 돌아갔다.

영국과 프랑스 사이에 전쟁이 일어나자, '아일랜드인 연맹'의 구성원들은 이 단체에만 안주할 수 없었다. 그들은 온갖 수단을 동원하여 변화를 도모할 수 있는 지하 조직을 다시 결성했다. 울프 톤은 당시 영국과 전쟁을 벌이고 있던 프랑스의 혁명정부에 도움을 요청했다. 보수적인 신교도는 나중에 '오렌지 단團, The Orange Order'으로 알려진 '오렌지 결사The Orange Society'를 조직해서 장차 일어날지도 모를 충돌에 미리 대비하고자 했다.

1796년 수천 명의 병사와 울프 톤을 태운 프랑스 함대가 코크 주에 있는 밴트리 해안Bantry Bay을 향했다. 그러나 해안의 역풍과 궂은 날씨 때문에 상륙할 수가 없었다. 실의에 빠진 울프 톤과 함대는 결국 프랑스로 되돌아가야만 했다. 영국 정부와 더블린 캐슬(Dublin Castle: 아일랜드 행정부 청사 건물) 행정부는 안도의 숨을 내쉬었다. 실로 일촉즉발—觸卽發의 순간이었다.

곧이어 아일랜드에 있는 영국 정부는 조직적으로 비밀결사 구성원들의 색출작업에 나섰다. 인정사정없는 매질과 심한 고문은 마침내 1798년 무장 민중 봉기를 일으켰다. 특히 존 머피John Murphy 신부가 이끄는 웩스퍼드 주민들이 가장 격렬하게 저항했다. 반란군은 비록 작은 승리를 거두긴 했으나, 결국 에니스코시Enniscorthy 외곽에 있는 비니거 힐Vinegar Hill에서 패하고 말았다.

집요한 울프 톤은 또 다른 프랑스 함대를 이끌고 1798년 뒤늦게 귀환했으나, 역시 바다에서 패하고 말았다. 그는 생포되어 더블린으로 이송되었는데, 나중에 교도소에서 자살했다. 이로써 '아일랜드인 연맹'의 활동도 막을 내리게 되었다.

민중봉기가 잇따르자 불안을 느낀 신교도 지배계층은 영국 정부에 도움을 요청했다. 영국 정부는 1800년 '연합법The Act of Union'을 제정한 뒤, 이듬해 의회를 해산하고 아일랜드를 영국의 정식 속국으로 만들었다. 헌법상 이 병합은 1912년까지 지속되었으며, 이 기간에 수많은 반란이 일어나 다수의 영웅과 순교자들을 배출했다. 이는 곧 현대 아일랜드 문화의 내면을 구성하는 신화, 전설, 그리고 민요를 낳는 계기가 되었다. 당대 영웅 중 한 사람이 케리 주 출신의 다니엘 오코넬Daniel O'Connell, 1775~1847이다.

오코넬은 프랑스에서 과격한 '프랑스 대혁명'과 '아일랜드인 연합단체The Society of the United Irishman'의 봉기(1798)를 지켜보면서 자라났기 때문에 폭력을 배척하고 싫어했으며, 정치적 목적을 달성하기 위해 평화적이고 합법적인 수단과 대중 집회를 능수능란하게 활용할 줄 아는 타고난 개혁가였다. 그는 1823년 가톨릭교도의 정치적 평등을 이루기 위해 이른바 '가톨릭 연합The Catholic Association'을 결성했는데, 이 단체는 곧이어 대규모 평화 시위와 행동을 개시할 수 있는 기구가 되었다. 1826년 치러진 총선거에서, 이 단체는 가톨릭교도 해방을 주장하는 신교도 후보들을 지지함으로써 저력을 과시했다. 또한, 오코넬은 1828년 가톨릭교도로서 클레어Clare 주에서 하원의원으로 선출됨으로써 영국 정부를 곤경에 빠뜨렸다. 드디어 1829년 많은 하원의원의 지지를 얻은 '가톨릭교도 해방 법The Act of Catholic Emancipation'이 통과되었다. 이후 몇몇 부유한 가톨릭교도는 투표권과 하원의원에 출마할 수 있는 피선거권을 얻었고, 가톨릭 주교와 대주교의 지위도 인정받았으며, 오코넬은 '민족의 해방자'로 추앙받았다.

'가톨릭교도 해방 법'이 통과됨으로써 한 가지 목적을 달성한 오코넬은, '연합법' 철회를 통해 가톨릭교도 하원의원이 포함되는 더블린 의회를 되찾고자 했다. 1843년 오코넬은 아일랜드 전역에서 50만 명의 사람들이 그의 연설을 듣기 위해 타라 언덕에 모여든 이른바 '몬스터 집회Monster Meeting'를 개최하여 연합법 철회를 지지하는 대규모 운동을 주도했다. 그는 이러한 대규모 군중집회가 영국 정부를 위협함으로써 의회를 쉽게 회복할 수 있을 것으로 생각했다. 하지만 영국 정부와의 유혈 충돌은 원치 않았다. 마침내 영국 정부는 클론타프에서 열릴 예정이었던 모임을 금지했다. 오코넬은 영국 정부의 예상대로 평화와 공공질서의 유지라는 명분으로 모임을 취소했다. 이 사건은 아일랜드의 정치사에서 오코넬의 영향력이 사라지는 것을 의미했다. 능력과 정치적 수완이 뛰어난 오코넬에게 꿈과 희망을 걸었던 다수의 추종자는 이제 그를 버리기 시작했다. 오코넬은 1844년에 체포되어 잠시 복역한 뒤 석방되었다. 이후 그는 평화주의가 실패하는 것에 회의를 느낀 나머지 무력과 폭력의 사용을 지지하는 '아일랜드 청년당(The Young Irelander: 각계각층의 청년들로 구성된 단체로 '청년 아일랜드 운동[The Young Ireland Movement]'을 통해 조국의 독립을 쟁취하고자 했음)'과 종종 마찰을 빚었으며, 끝내 이전의 영향력을 회복하지 못한 채 1847년 세상을 떠났다.

오코넬의 노력은 결국 실패로 끝나고 말았다. 그의 행동이 민족의 자각심을 불러일으킨 것은 사실이지만, 영국의 힘에 대항하여 자신의 의지를 실행에 옮길 만반의 준비가 되어있지 않았다. 오코넬은 교회 문제에서도 쉽게 굴복했으며, 영국의 강권 통치에 대항하는 저항 의지가 부족해 결국 운동권을 분열하게 만들었다. 또한, 영국에 대항하기 위해 폭력적 수단을 이용하는 또 다른 조직이 결성되는 빌미를 제공하기도 했다. 하지만 그의 공적은 인정을 받아 오코넬은 아일랜드 영웅 신화의 일부가 되었다. 그리고, 아일랜드 독립 이후 원래 '샤크빌 거리Shakville Street'로 불리던 더블린의 번화가는, 그를 기념하기 위해 '오코넬 거리O'Connell Street'로 이름이 바뀌었고, 오늘날까지도 그렇게 불리고 있다.

대기근, 페니어회, 토지연맹, 파넬

19세기 아일랜드 역사는 1845년부터 1851년까지 지속된 '대기근'과 그 여파에 대한 기록이다. 아일랜드어로 '고르타 모르'(Gorta Mór: Great Famine, Great Hunger)라 불리는 이 사건은 이제껏 전무후무前無後無했던 일로 인류 역사상 가장 참혹한 사건 중 하나로 기억되고 있다.

아일랜드는 전통적으로 농업 국가였다. 전 유럽으로 번지던 산업혁명조차 대기근 동안 이 땅에는 아직 미치지 못했다. 아일랜드는 늘 영국의 곡창지대 역할을 했으며, 인구의 70%를 점유했던 농민들은 거의 모두가 자기 땅이 없는 소작농이거나 영세 농가였다.

한편, 아일랜드의 인구는 가톨릭 국가의 특성상 가족계획의 금지로 인해 18세기와 19세기에 걸쳐 꾸준히 증가했다. 당시 많은 소작농은 값비싼 임대료를 내기 위해 밀, 보리, 귀리 같은 환금성換金性 작물을 경작했지만, 자신들의 생계를 위해서는 보관이 힘든 감자에만 의존하고 있었다.

1845년 무렵 아일랜드 농촌 사람들의 주식主食 대부분은 감자였다. 8월부터 이듬해 5월까지 남녀노소 600만 명이 아침, 점심, 저녁 세끼를 모두 감자로 때웠다. 한 사람이 하루에 먹는 감자의 양은 대략 3~6킬로그램이었다. 삶아서 먹고, 구워서 먹고, 버터밀크와 양파를 섞어 으깨 먹기도 했다. 케이크, 빵, 수프 재료도 감자였다. 사람뿐 아니라 돼지, 소, 닭들도 감자를 먹고 살았다(곽명단 13).

그런데 1845년 감자 농사가 흉작이어서 대재앙이 발생했다. 하룻밤 사이에 까닭 모를 전염병이 돌아 감자밭이 검게 변해 버렸다. 600만 명에 가까운 아일랜드 사람들에게 사실상 유일한 식량인 감자가 몽땅 썩어버린 것이다.

　1845년 여름, 감자의 푸른 줄기들이 쑥쑥 꽃잎을 밀어낼 때였다. 이때 갑자기 하늘에서 뜨거운 비라도 내린 듯 온 들판의 감자들이 쓰러져 누웠다. 어제까지만 해도 싱싱했던 감자 잎들이 하룻밤 사이에 말라비틀어진 것이다. 농부들은 이 재앙의 원인을 도대체 알 수가 없어 하늘만 쳐다보았고, 그사이 감자는 뿌리까지 썩어들어 갔다. 소위 '감자 잎마름병(potato blight: '파이토프토라 인페스탄스[hytophtora Infestans]'의 변종인 'HERB-1' 진균[fungus])'으로 알려진 이 병은 허리케인hurricane과도 같았다. 이 병은 메이요Mayo, 슬라이고Sligo, 골웨이Galway, 코크Cork 등 서남부해안 지방을 삽시간에 강타하더니, 내륙을 거쳐 동쪽으로 빠져나가면서 그 기세가 조금씩 약화되기 시작했다.

　이 기근 동안 가장 큰 피해를 본 곳은 '게일어 사용 지역(Gaeltacht, 겔탁트)'이었다. 사람들은 자기 집에서 굶어 죽거나 집에서 내쫓긴 채로 벌판이나 거리에서 죽어갔다. 때로는 지주의 집 앞에서도 죽었다. 지주들의 풍성한 식탁과 먹고 마시고 즐기는 그들의 파티를 바라보며 원망과 탄식 속에서 죽어갔다.

　또한, 전염병이 창궐猖獗했다. 굶주림을 잘 견디던 사람들조차 결국 발진티푸스, 장티푸스, 콜레라, 이질, 괴혈병 등과 같은 전염병에 걸려 생명을 잃었고, 이 질병들은 아사자餓死者들보다 많은 사람을 희

감자 대기근

생시켰으며, 시체들이 여기저기서 부패하여 심한 악취를 풍겼다.

이 기간에 흉작은 오직 감자뿐이었다. 반면에 밀, 보리, 귀리를 재배한 지주와 영국 상인의 창고엔 곡식 자루가 가득 쌓여 있었다. 또한, 수십만 명이 죽어가는 동안에도 아일랜드의 각 항구에는 연이어 수출용 배가 떠나가고 있었다. 아일랜드에서 생산된 밀과 옥수수 그리고 최상의 양모羊毛, wool와 섬유는 다른 나라도 아닌 영국으로 실려 나가고 있었다.

수출품이 배에 실리는 동안 영국 정부는 보호법을 발동하여 야간 통행을 금지했고, 군인과 경찰들이 삼엄한 경계를 펴서 선적船積을 보호했으며, 매년 그렇게 실려 나간 알곡의 양은 평균 225만 톤으로, 이는 아일랜드의 모든 인구를 넉넉히 먹여 살릴 수 있는 충분한 양이었다.

이때 수입된 곡물은 단지 배 한 척의 인디언 옥수수뿐이었다. 물론 미국으로부터 가끔 구호 곡물 선船이 들어오기도 했다. 이 곡물 선박이 아일랜드의 항구에 정박하면 선원들은 아일랜드의 식량이 다른 나라로 실려 나가는 수척의 배를 목격할 수 있었고, 이때 그 배를 타고 온 미국의 어느 평화 운동가는 다음과 같이 울부짖었다.

사람이 죽어가는 나라에 들어오는 곡식보다 빠져나가는 곡식이 더 많다. 이 아사餓死의 집단 학살은 자연재해가 아니라 인재人災다. 사람이 사람을 죽이고 있다!

이처럼 아이러니한 대기근 동안 지주에게 저항하고, 푸성귀나 찌꺼기라도 건지려고 수확을 끝낸 텅 빈 밭을 헤매며, 날마다 몇 킬로미터씩 걸어가 중노동을 해도 푼돈밖에 받지 못해, '무료 급식소Soup Kitchen'에서 수프를 얻어먹거나, 한 끼는 확실히 보장된 교도소에 끌려가려고 일부러 죄를 짓는 사람들도 부지기수였다(곽명단 270).

참혹한 7년의 기근이 끝나던 해인 1851년 아일랜드 땅은 완전히 폐허가 되었다. 1845년 인구 조사에 의하면 당시 아일랜드의 인구는 800만 명에 달했다. 그러나 1851년에는 인구가 600만 명으로 줄었다. 100만 명의 인구가 굶주림 혹은 이질, 티푸스, 콜레라 등과 같은 전염병으로 죽었다. 그리고 100만 명 정도의 인구는 머나먼 이주 길에 오르기 전날 밤 가족 및 친구들과 '아메리칸 경야(American Wake: 아일랜드의 장례 전통에서 생겨난 송별회)'를 지낸 뒤, 당시 '관선(官船: 죽음의 배, coffin ship, famine ship)'이라 불리던 낡은 배에 몸을 싣고 영국, 호주, 뉴질랜드, 캐나다, 미국 등지로 떠났다. 배에 이와 같은 이름이 붙게 된 연유는, 승선한 사람들의 대략 1/5이 항해 중 사망했기 때문이다. 당시 『런던 타임스London Times』는 "머지않아 아일랜드에서 사는 아일랜드인의 수는 미국에서 사는 인디언만큼이나 드물게 될 것이다"라고 보도한 바 있다.

해외로 이주를 떠나는 이민선의 모습

이때 사람들은 수천 년 동안 사용해오던 아일랜드어(게일어)를 버렸다. 신으로부터는 믿음, 정치적으로는 애국심, 그리고 가정에서는 화목을 주었던 그들 고유의 언어였다. 영국인이 영어를 사용하라고 강요할 때에도, 부자나 지주들이 영어를 잘 구사하여 그들의 부를 보장받을 때에도 버리지 않고 지켜오던 언어였으나, 기근과 아사 앞에서 더는 지켜낼 여력이 없었던 것이다(윤정모 211-20).

대기근 자체는 지진이나 해일과 같은 자연재해이다. 하지만 분명한 것은 아일랜드에 대한 영국의 정책이 상황을 더욱 악화시켰다는 점이다. 당시 영국은 전 세계 땅덩어리의 1/4 지역(3,300만km²)에 광대한 식민지를 개척하여 '해가 지지 않는 제국An Empire under the Sun'으로 군림했으며, 지구상에서 가장 부유한 국가였다. 하지만 영국 정부는 자유방임 경제정책, 인종 편견, 종교적 갈등 등으로 아일랜드인의 곤경에 눈을 감았으며, 당연히 했었어야만 할 적절한 조치를 취하지 않았다. 이 때문에 영국에 비판적 시선을 가진 아일랜드인은, 영국 정부가 "1845년까지 45년에 걸쳐 두 배로 증가한 인구를 격감시키기 위해 재앙을 십분 이용했다"고 주장한다. 또한 이들은 1845년부터 1851년까지 벌어진 재해를 자연재해로서의 '기근(Famine: 흉년으로 먹을 양식이 모자라 굶주리는 것)'이 아닌 인재人災 '고르타 모르(Gorta Mór: Great Hunger, 굶주림, 기아)'로 칭한다. 따라서 이 사건은 이후로 아일랜드인이 영국 정부와 영국인에 대해 가슴속에 영원히 지워지지 않는 적대감, 증오심, 한恨을 품는 계기가 되었다.

대기근에 대한 기억은 아직도 아일랜드인의 영혼 깊숙이 사무쳐 있으며, 수많은 소설, 발라드, 시, 노래(최근에 시네이드 오코너는 '기근'이란 타이틀로 된 노래들을 부르고 있음) 형식으로 아일랜드인의 '문화적 기억' 속에 살아 있다. 또한, 대기근 발생 150주년을 기념하기 위해 1994년에 로스코먼 주의 스트록스타운 파크 하우스Strokestown Park House에 세워진 '대기근 박물관The Irish National Famine Museum'은 지금도 아일랜드인에게 무언의 교훈을 전해주고 있다.

대기근 The Great Famine, Gorta Mór

1845년 여름 어느 날, 벨기에의 앤트워프항(Antwerp Port)에서는 인부들이 신대륙발(發) 화물선의 감자를 내리고 있었다. 비가 자주 내려서인지 예년보다 더위도 심하지 않아 일하기에 딱 좋은 날씨였다. 씨알 굵은 감자를 보자 벌써 배가 부르다는 농담에 웃음꽃이 피었다. 이날이 비극의 시작임을 예감한 사람은 아무도 없었다.

얼마 뒤 아일랜드에서는 감자 잎이 검게 변하고 씨알이 썩어 들어가는 감자 잎마름병(potato blight)이 들불처럼 번졌다. 먹을 것이라고는 감자밖에 없었던 사람들이 속절없이 쓰러져갔다. 아일랜드어로 '고르타 모르(Gorta Mór)'라고 불리던 1845년부터 1851년까지 지속된 대기근으로 인해 당시 아일랜드 인구 800만 명 중 100만 명이 굶어 죽었다. 또 다른 100만 명은 먹을 것을 찾아 영국, 캐나다, 미국, 호주, 뉴질랜드 등지로 이민을 떠났다. 현재의 아일랜드 인구는 640만 명(남아일랜드 460만, 북아일랜드 180만)으로 아직도 대기근 이전 수준을 회복하지 못하고 있다.

영국과 독일 연구진이 160년 뒤인 지난 2013년 아일랜드 대기근의 범인을 찾아냈다. 학명(學名)이 '파이토프토라 인페스탄스(Phytophtora Infestans)'로 곰팡이와 비슷한 단세포 생물이었다. '파이토프토라'라는 말은 그리스 말로 '식물 파괴자'란 뜻이다. 연구진은 영국과 독일 식물원에 보관하고 있던 1845~1896년 사이의 감자 잎에서 DNA를 추출하여 유전 정보 전체를 해독함으로써 'HERB-1'이라는 '파이토프토라' 변종이 아일랜드 대기근의 원인임을 밝혀냈다. 그 이전에는 동시기에 미국에서 감자 잎마름병을 유발한 'US-1' 변종이 범인으로 지목돼왔었다.

또한, 그 변종 병균이 남미 대륙에서 건너왔다는 사실도 밝혀졌다. 남아메리카 페루에서 들여온 구아노 비료에 진균(fungus)이 묻어온 것이다. 당시 아일랜드 농민들은 감자 수확량 증대를 위해 바닷새 배설물로 만든 비료를 수입했기 때문이다(이영완).

───────

당시 가난과 기아를 피해 해외로 나간 수많은 아일랜드인은 현지의 정치 문제뿐 아니라 그들이 떠나온 조국의 국내 문제에도 적극 관여함으로써 힘을 과시했다. 이들은 1858년 '세인트 패트릭스 데이'에 더블린 목재 야적장에서 제임스 스테판스 James Stephens 와 존 오마호니 John O'Mahony 를 주축으로 미화 400달러의 기금을 모아 '페니어회(The Fenian Brotherhood: 아일랜드의 독립을 목적으로 주로 미국에 사는 아일랜드인들로 구성된 비밀결사)'를 조직했다. 이 단체는 후에 '아일랜드 공화단The Irish Republican Brotherhood, IRB'이 되었으며, '아일랜드공화군(The Irish Republican Army, IRA: 마이클 콜린스[Michael Collins]의 주도로 1919년에 창설된 아일랜드의 독립을 쟁취하기 위한 무장조직)'도 이 단체로부터 생겨났다. '페니어Fenian'라는 명칭은 켈트 시대의 전설적 인물 핀 맥쿨Finn McCool의 영웅 전사戰士들의 무리를 일컫는 '피어나Fianna'에서 유래했다. 이 단체는 무력에 의존하여 급진적이고 혁명적인 방법으로 아일랜드 공화국을 건설해서 조국의 독립을 앞당기고자 하는 비밀결사 조직이다. 따라서 이 단체는 처음부터 급진적 성향과 무력의 사용을 문제 삼는 가톨릭교회와 끊임없이 마찰을 빚었다. 그러다가 1867년 무력으로 영국 군대에 잠입하려던 계획이 실패로 끝나자 위세가 약화되었다. 후에 이 단체의 잔존 세력은 1879년 10월에 결성된 '토지연맹The Land League'으로 활동 방향을 바꾸었는데, 이 연맹이 군사적, 물리적으로 폭력을 사용할 수 있는 명분을 제공했다.

　　대기근이 휩쓸고 지나간 뒤 몇 년이 흘러 상황이 호전되자, 소작인들의 안정된 일자리, 합리적 지대地代, 토지권을 자유롭게 판매할 수 있는 권리 등을 쟁취하기 위해 마이클 데빗Michael Davitt의 주도로 '토지연맹'이 결성되었다. 이와 동시에 민족주의 운동의 싹이 움트기 시작했다. 하지만 영국 정부를 실질적으로 움직이게 만든 것은 의회의 안과 밖에서 정치적 수완을 발휘한 찰스 스튜어트 파넬Charles Stewart Parnell, 1846~1891의 지도력 덕분이었다.

찰스 스튜어트 파넬

　　파넬은 1875년 웨스트민스터 의회The Palace of Westminster 하원의원으로 선출되었다. 그는 위클로 주 신교도 지주의 아들로서 여타의 앵글로-아이리시 지배 계층과 많은 공통점이 있었다. 그러나 파넬의 어머니는 미국인이었고, 그의 아버지는 미국 독립전쟁 중 영국에 대항해서 싸운 사람이었다. 따라서 파넬의 가족은 아일랜드가 영국으로부터 독립해야 한다는 원칙을 고수했다. 파넬은 의회에서 난처한 질문을 자주 하는 열정적이고 다루기 힘든 사람으로 주목을 받기 시작했다. 31세 때는 신新 자치당The New Home Rule Party의 당수가 되어 제한적이나마 아일랜드의 '자치(Home Rule: 1801년부터 시행된 연합법 철회와 더블린 의회를 되찾고자 하는 것을 모토[motto]로 하는 새로운 명칭)'를 주장했다.

1879년 또다시 감자 농사가 흉작이 되자(주로 코노트 지역에서) 지주들이 소작인들을 마구 내쫓아서 또 다른 형태의 기근이 찾아왔다. 미국에서 수입한 값싼 옥수수는 곡물 값을 크게 떨어뜨렸으며, 이와 함께 곡물을 재배하는 소작인들의 수입도 줄어들었다. 그러자 이전에 페니어회의 일원이었던 데빗은 소작인들을 불러 모았고, 같은 생각을 하는 파넬과도 손을 잡았다.

데빗과 파넬은 힘을 합쳐 소작료를 줄이고 노동 조건을 개선하기 위한 전국적인 시위운동을 전개했다. 지주와 소작인들의 갈등은 점점 더 폭력적 양상을 띠었다. 이 연맹의 가장 효과적인 전술 가운데 하나가 '보이콧 운동Boycotting'이었다. '보이콧boycott'이란 말이 영어에 등장하게 된 것도 바로 이때였다. 이 말은 당시 메이요Mayo 주의 토지 대리인이었던 보이콧 대위Captain Boycott에게 처음으로 적용되었는데, 이 지역 주민들은 소작인을 내쫓은 보이콧 농장의 추수를 거부했다. 이러한 대처 방안은 토지연맹이 제안한 것으로 큰 효과가 있었다. 파넬은 토지연맹이 내건 목적을 따르지 않는 지주, 대리인, 소작인을 '보이콧'하도록 부추겼다. 즉, 이들과는 사회적, 사업적으로 접촉을 금해 이들을 마치 나병 환자 대하듯 왕따 시키자는 것이었다.

'토지전쟁The Land War'으로 알려진 이 운동은 1879년부터 1882년까지 지속되었으며 아주 큰 의미가 있었다. 처음으로 소작인들은 지주들에게 집단으로 대항했고, 1881년에 발효된 '토지법The Land Act'은 소작인들의 삶의 질을 개선하는 데 상당한 기여를 했다. 이후 소작인들에게는 공정한 소작료가 부과되었고, 소작인들이 토지를 소유할 수 있는 길도 열렸다.

1882년, 영국 왕이 임명한 아일랜드의 일등 서기관 카벤디쉬Cavendish경卿과 이등 서기관 토마스 버크Thomas Burke가 토지연맹과 관련이 있는 자치주의자들에게 살해되자 위기가 고조되었다. 그러나 토지개혁은 순조롭게 진행되었고, 파넬은 자치 문제로 관심을 돌렸다. 파넬은 의회에 지지를 요청했는데, 아일랜드의 자치를 지지하는 윌리엄 글래드스톤William Gladstone, 1809~1898 수상과 각별한 관계였기 때문이다. 그러나 '자치 법안The Irish Home Rule Bill'은 글래드스톤이 소속된 자유당의 분열과 그의 실각으로 인해 실패로 끝나고 말았다.

한편, 파넬의 운명도 끝나가고 있었다. 그는 자신의 정당 소속 하원의원의 부인 키티 오쉬에Kitty O'Shea와 10년 동안 불륜 관계를 맺고 있었다. 마침내 그들의 관계가 탄로 나자 당원들은 파넬에게 당수직에서 물러날 것을 요구했다. 하지만 파넬은 사임을 거부했고, 결국 그의 당은 와해되고 말았다. 이후 파넬은 오쉬에와 결혼했으나 당수직에서 면직되었으며, 가톨릭교회의 지지도 잃고 말았다. 그뿐만 아니라 아일랜드의 자치 운동도 한층 더 분열되었다. 한때 아일랜드의 왕처럼 군림했던 파넬도 국민의 신뢰와 지지를 더 이상 회복하지 못했으며, 건강도 갑자기 악화되어 1891년 10월 6일 45세의 일기로 세상을 떠나고 말았다.

아일랜드 문예부흥운동

1870년대 들어 아일랜드 자치 운동이 시들해지자 19세기 후반 20년 동안 운동의 축은 '아일랜드 문예부흥운동(The Gaelic Revival Movement: 게일 문학·예술·스포츠 부흥 운동)'으로 대체되었다. 이 운동은 처음에 신교도가 중심이 되어 문학 분야로부터 시작되었지만, 곧 1884년에 결성된 '게일운동협회The Gaelic Athletic Association, GAA'와 1893년에 창립된 '게일연맹The Gaelic League'과 더불어 힘을 얻기 시작했다.

파넬의 후원과 마이클 쿠색Michael Cusack의 주도로 1884년 티퍼레리 주州 설레즈Thurles에서 설립된 '게일운동협회'는 아일랜드의 현대사에서 가장 의미 있는 대중문화 운동이었다. 이 협회는 헐링(Hurling: 2000여 년 전통의 국민 스포츠), 게일 축구(Gaelic Football: 엄격한 규칙이 적용되는 과격한 성격의 축구) 등과 같은 켈트족 고유의 스포츠와 문화를 장려했으며, 각종 운동을 대중운동으로 승화시키고자 했다. 하지만 축구, 럭비, 하키, 크리

켓과 같은 외국 게임들은 할 수도 없고 관람도 못 하도록 했다. 또한, 이를 어기면 협회로부터 곧바로 탈퇴해야만 했다. 이 운동은 처음부터 대중의 큰 호응을 받았기 때문에 곧 아일랜드의 모든 교구教區에 협회가 설치되었다. '게일운동협회'는 과격하고 민족주의적 성격을 띠었기 때문에 일견 '페니어회'와 유사해 보이지만, 순수하고 민중 지향적이라는 점에서 차이가 있다. 이 협회는 나중에 세계에서 가장 성공적인 아마추어 스포츠 조직 중 하나로 발전했다.

'게일연맹'은 로스코먼 주 출신의 신교도 성직자의 아들 더글라스 하이드Douglas Hyde 박사와 학구파인 이오인 맥닐Eoin MacNeill이 1893년에 설립했다. 이들은 모국어인 아일랜드어(게일어)를 되살리고, 아일랜드의 문화와 관습을 장려하는 것이, 민족 정체성 회복의 지름길이라고 생각했다. 전통적으로 아일랜드어는 아일랜드에서 가장 가난한 서부와 남부 해안에서 주로 사용되었다. 하지만 감자 기근과 잇따른 해외 이주 같은 국가적 재앙으로 인해 아일랜드어를 쓰는 사람들의 숫자가 격감했다. 더욱이 1830년대에 '공립학교 시스템The National School System'이 도입되면서, 아일랜드어를 학교에서 가르치는 것이 철저하게 금지되었다. '게일연맹'은 학교에서 아일랜드어를 교육할 것을 강력히 촉구했는데, 그 첫 성공 사례는 아일랜드어를 국립대학 입학시험 필수과목으로 채택시킨 것이다. 그러나 '게일연맹'이 지향했던 원래의 순수한 취지는 정치색이 짙은 '아일랜드공화군'이 주도권을 잡으면서 다소 변질되었다.

한편, 이 시기에는 혁명에 의한 세계주의를 지향했던 나폴레옹 전쟁의 여파와 제임스 프레이저James Frazer의 『황금 가지The Golden Bough』로 인해 촉발된 '뿌리 의식a sense of root'과 '장소 의식a sense of place'에 대한 성찰로, 종족의 뿌리와 민족의 정체성을 되찾고자 하는 '범 켈트주의Pan-Celticism'가 유럽 전역에 풍미風靡했다. 이는 과거 속에 묻힌 켈트족의 문화유산을 발굴하고, 그들의 정기를 되살려 문학작품에 담아보려는 노력의 일환이었다. 이러한 노력은 범 켈트협회의 창설 및 어네스트 르낭Ernest Renan의 『켈트 종족의 시The Poetry of the Celtic Races, 1854』, 매슈 아놀드의 『켈트 문학 연구에 관하여On the Study of Celtic Literature, 1867』, 존 라이John Rhy의『켈트 이교국 Celtic Heathendom, 1882』등 수많은 문헌의 출판으로 결실을 보게 되었다.

때마침 유럽에서 일기 시작한 이러한 켈트 문화에 대한 관심은 문예부흥운동을 통해 조국의 독립을 앞당기려는 아일랜드의 작가들에게 큰 영향을 미쳤다. 1890년 무렵부터 시작된 아일랜드 문예부흥운동은 존 오리어리John O'Leary, 그레고리 부인Lady Augusta Gregory, 조지 럿셀George Russell, 더글라스 하이드, 윌리엄 버틀러 예이츠, 존 밀링턴 싱 등이 주도했다. 스탠디시 오그래디Standish O'Grady의『아일랜드 역사: 영웅시대History of Ireland: Heroic Period, 1878』와 하이드의『코노트의 연가Love Songs of Connacht, 1893』등의 출판을 기점으로 시작된 이 운동은, 구비口碑 전설에서 민담에 이르는 민속 문학의 부활, 조어祖語인 아일랜드어의 보존, 고대 켈트 신화와 전설의 발굴, 전통적 민족 성격의 창조, 아일랜드 민족 문학의 확립, 아일랜드 특유의 청신한 리듬의 개척, 국립극장의 창설(The Abbey Theatre, 1898), 신문 발간(1899년에 Arthur Griffith의 주도로 〈United Irishmen〉이 창간됨) 등을 목적으로 하면서 본격적인 예술운동으로 승화되었다.

예이츠는 프랑스에서 10년 동안 망명 생활을 마치고 돌아온 민족주의자 오리어리와의 만남이 계기가 되어, 고전문학의 부활과 민족 문학의 창조에 열정을 쏟게 되었으며, 자신이 직접 '런던 아일랜드 문학회(1891)', '더블린 민족 문학회(1892)' 등과 같은 문학단체들을 창설하는 열의를 보이기까지 했다. 또한, 예이츠는 "국적이 없으면 위대한 문학이 존재할 수 없고, 문학 없이는 위대한 국가가 존재할 수 없다"는 오리어리의 말에 감화되어, 가장 민족적이고, 토속적이며, 아일랜드적인 작가로 거듭날 것을 천명하면서, "문학이 새로운 아일랜드를 만들어 낼 것이고, 그렇게 되면 새로운 아일랜드는 다시금 훌륭한 문학을 양산하게 될 것"이라는 신념을 견지했다.

예이츠는 영국의 식민통치를 받고 있는 아일랜드 민족이 정치적 독립을 쟁취할 수 있는 길은 아일랜드 민족의 정체성 회복이라고 믿었다. 따라서 문인들이 과거의 영광을 간직한 아일랜드의 고전문학과 신화를 발굴·부활·재현시키는 노력이 필요하다고 생각했다. 즉, 그는 아일랜드 고유의 신화나 전설의 아름다운 전통문학을 유럽의 현대문학 형식과 결부시켜 그것을 민중들에게 전파하면, 그 새로운 문학을 통해 숭고하고 아름다운 민족의 정기와 유산에 눈을 뜨게 됨은 물론이려니와 민족적 자부심을 되찾음으로써, 점차 영국의 영향력으로부터도 벗어날 수 있다고 믿었다. 그러므로 그는 구전 문학의 전통과 문자 문학의 전통을 합류시키고, 민중들의 마음으로부터 우러나오는 정서에 바탕을 둔 시학詩學을 정립하여, '새로운 위대한 발언a new great utterance', 즉 '위대한 민족 문학'을 창조하고자 했다.

아일랜드의 시인들이여, 그대들의 직분을 배워라.
무엇이든 잘된 것을 노래하고,
요즈음 자라고 있는
발끝부터 머리끝까지 꼴사나운 것들을 경멸하라.
과거를 모르는 그들의 가슴과 머리는
비천한 침대에서 생겨난 비천한 산물들.
농민을 노래하라, 그리고
열심히 말을 모는 시골 신사들을,
수사修士들의 신성함을, 그런 다음에는
술꾼들의 떠들썩한 웃음소리를.
7백 년의 영웅시대를
흙 속에서 묻혀 지낸
쾌활했던 귀족들과 귀부인들을.
지난날에 마음을 돌려라, 그러면
다가오는 시대에도 우리는 여전히
불굴의 아일랜드 민족이 될 수 있을 것이니.
─「불벤산 기슭에서Under Ben Bulben」

Irish poets, learn your trade,
Sing whatever is well made,
Scorn the sort now growing up
All out of shape from toe to top,
Their unremembering hearts and heads
Base-born products of base beds.
Sing the peasantry, and then
Hard-riding country gentlemen,
The holiness of monks, and after
Porter-drinkers' randy laughter;
Sing the lords and ladies gay
That were beaten into the clay
Through seven heroic centuries;
Cast your mind on other days
That we in coming days may be
Still the indomitable Irishry.

아일랜드 자치의 여명

1892년 글래드스톤은 네 번째 수상의 임기를 시작했다. 그는 하원을 통해 아일랜드의 자치 법안을 통과시켰으나 상원에서 부결되었다.

이 시기에 얼스터의 동쪽은 번창 일로에 있었다. 이곳은 남부에서와 같은 기근의 영향도 없었고, 신교도 지배계층의 활약으로 중공업이 발달했다. 글래드스톤이 자기 뜻을 관철하지 못하고 있는 사이 얼스터 신교도 연합론자들(연합당은 1885년에 만들어짐)은 자치 법안이 다시 표면 위로 부상할 것을 예견했고, 만약 이 법안이 통과될 경우 끝까지 싸우기로 결의했다. 더블린 출신의 변호사였던 에드워드 카슨 경Sir Edward Carson, 1854~1935이 이끄는 연합론자들은 신교도 테러 조직인 '얼스터 의용군

(The Ulster Volunteer Force, UVF)'을 결성해 자치를 반대하는 대규모 무력시위를 여러 차례 벌였다. 카슨은 아일랜드의 독립이 이루어지면 북아일랜드의 분리를 위해 무력 투쟁도 불사하겠다고 위협했다. 그러자 영국 정부는 무력 투쟁이 현실화되기 전에 뜻을 굽혔다. 이어 1914년 7월, 카슨은 얼스터를 분리하여 아일랜드를 분할 통치한다는 조건으로 남아일랜드의 자치를 실행에 옮기는 데 동의했다.

애스퀴스Herbert Henry Asquith, 1852~1928 수상이 이끄는 영국의 새 자유당 정부는, 거부권을 행사할 수 있는 상원의 권한을 무력화시킨 뒤, 아일랜드의 자치 법안을 통과시키고자 했다. 이 법안은 불협화음을 내는 연합론자들과 보수당원들이 반대했지만 결국 1912년 통과되었다. 하지만 끝내 효력을 발휘하지는 못했다.

얼스터 의용군이 세를 더해가자, 아일랜드 전 지역의 자치를 수호하기 위해 이오인 맥닐이 '아일랜드 의용군The Irish Volunteer Force'이라는 공화군을 조직했다. 이들은 무기가 부족했지만 얼스터 의용군은 해외로부터 총포와 화약을 대량으로 밀수입했다. 또한, 이들은 영국군으로부터 대대적인 지원도 받고 있었으므로 1914년 내란의 기운이 감돌고 있었다.

1914년 8월 제1차 세계대전World war I, 1914~1918이 발발하자, 자치 법안은 효력이 정지되었고, 얼스터 문제도 당분간 미해결의 상태로 남게 되었다.

부활절 봉기

자치론자들에게 공감하는 많은 수의 아일랜드인은 그들의 희생이 조국의 자치를 앞당길 수 있다는 희망에서 유럽의 전쟁터로 나갔다. 그러나 아일랜드에 남아있는 소수의 자치론자는 영국 정부의 약속을 신뢰하지 못했다. 다수의 '아일랜드 의용군'은 '사태의 추이를 지켜보자'는 존 레드몬드John Redmond의 생각에 공감했지만, 급진적 생각을 가진 사람들은 혁명적 행동이 필요하다고 믿었다. 따라서 패드래그 피어스(Padraig Pearse: 교사이자 시인)가 이끄는 '아일랜드 의용군'의 일부와 제임스 코놀리(James Connolly: 공화파 사회주의 지도자)가 이끄는 '아일랜드 시민군The Irish Citizens' Army'은 거국적 반란을 계획하고 있었다. 이 반란은 독일에서 배로 들여오는 무기에 의존했는데, 배가 들어오는 도중에 영국 해군에게 발각되어 모든 무기를 빼앗기고 말았다. 이오인 맥닐은 자신이 포함되지 않은 채 무장봉기가 계획된 것에 불만을 품고 거사를 취소시키고자 했다.

하지만 무장도 하지 않은 두 집단의 1,600여 민병대원들은 1916년 4월 24일 부활절 월요일에 더블린으로 돌진하여 거점 건물 6개를 점령하고, 오코넬 거리에 있는 중앙우체국The General Post Office, GPO을 아일랜드 의용군 총사령부로 삼았다. 이어 중앙우체국 건물에 3색 기를 게양한 뒤, 우체국 정문 계단에서 피어스(당시 임시 대통령임을 자처했음)는 지나가는 통행인들을 향해 아일랜드는 공화국이며, 자신들이 임시정부를 구성한다는 '공화국 선언문(The Proclamation of the Republic: Trinity College Dublin 도서관에 보관되어 있음)'을 낭독했다. 그러나 봉기가 일어난 지 채 일주일도 되지 않아 반란군은 병력이 우세한 영국군(3만 명)에 항복했다. 피해는 끔찍했다. 450여 명이 생명을 잃었고, 2,500여 명이 부상을 당했으며, 더블린이 입은 피해는 2백만 파운드에 달했다.

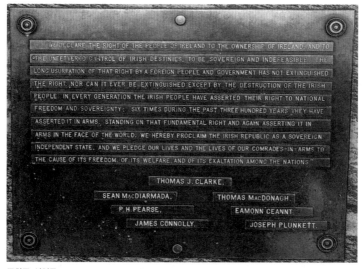

공화국 선언문

부활절 봉기 때 중앙우체국의 모습

하지만 반란군은 일반 대중의 신뢰와 지지를 받지 못했기 때문에 교도소로 이송되는 내내 화가 난 더블린 시민들의 야유와 돌팔매질을 받아야만 했다.

많은 사람은, 군사적으로 승산이 없다고 생각한 피어스가 애국심에 호소함으로써 향후 전 국민을 봉기의 대열로 끌어들이기 위해 유혈의 희생Blood Ssacrifice이 필요하다고 판단했을 것으로 생각했다. 이것이 사실이든 아니든 이미 유혈의 희생이 자행되고 있었다.

피어스는 반란군에 대한 일반 대중의 반감과 자신의 죽음을 예견했기 때문에 다음처럼 소리쳤다.

우리는 기꺼이 죽을 각오가 되어있으며,

또한 기쁘고 자랑스럽게 죽을 것이다.

그러니 이에 대해 슬퍼하지 마라.

우리는 조국과 우리 자신의 영예를 지켰다.

지난주에 있었던 우리의 행위는

아일랜드의 역사에서 찬란하게 빛났다.

사람들은 우리가 행한 것에 대해

지금은 가혹하게 말할지 모르나,

우리는 후세에 의해 기억되고 축복받을 것이다.

영국 정부가 반란 지도자들을 순교자로 만들지 않았다면, 부활절 봉기는 아마 아일랜드 사태에 별로 영향을 미치지 못했을 것이다. 사형선고를 받은 77명 중 15명이 더블린에 있는 킬마이넘 감옥(Kilmainham Gaol: 1796년에 지어져 1924년까지 감옥으로 사용됨)에서 총살대에 의해 처형되었다. 피어스는 항복한 지 3일 만에 총살당했고, 제임스 코놀리는 발목 부상으로 인해 의자에 묶인 채로 9일 뒤 마지막으로 처형되었다. 이러한 가혹한 처벌은 전 세계적으로 아일랜드의 정세에 대한 동정 여론을 형성했고, 아일랜드 문제에 대한 관심을 불러일으켰다. 이에 힘입어 아일랜드 일반 대중의 태도도 처음과는 다르게 동정과 지지로 반전되기 시작했으며, 공화주의자들에 대한 지지 분위기도 빠르게 확산되었다. 실로 예이츠의 시(「1916년 부활절 봉기[Easter 1916]」)에 나오는 구절처럼, "모든 것이 변했다, 완전히 변했다. / 그리고 놀라운 아름다움이 생겨났다(All changed, changed utterly: / A terrible beauty is born.)."

카운티스 마키에비치Countess Markievicz, 1868~1927는 여성이었기 때문에 처형되지 않은 사람 중 하나였다. 이몬 드 발레라Eamon de Valera, 1882~1975는 미국 시민권을 가지고 있었기 때문에 사형선고가 종신형으로 바뀌었고, 1917년에 사면을 받은 뒤 석방되었다.

킬마이넘 감옥Kilmainham Gaol

킬마이넘 감옥은 아일랜드의 수도 더블린에 있는 음산한 회색빛 건물로, 우리나라 서대문 형무소에서 느끼는 아리고 쓰린 감정을 공유할 수 있는 곳이다. 1796년에 지어졌으며 1924년까지 감옥으로 쓰였다. 이후 정부 기관의 건물로 사용되다가 1980년대 이후부터 박물관으로 다시 단장하여 일반에게 공개되고 있다. 킬마이넘 감옥은 아일랜드의 독립운동에서 역사적 의의가 큰 건축물이다. 특히 1922년 아일랜드가 영국으로부터 독립을 쟁취하기 직전까지 아일랜드의 독립투쟁을 주도했던 주요 인사들이 이곳에 갇혔다. 여성을 위한 시설이 절대적으로 부족한 상태에서 영국 정부가 무분별하게 여성들을 감금함으로써 그들이 심한 고통을 겪었던 것으로도 널리 알려져 있다. 또한, 1916년 부활절 봉기 때의 주동자들을 포함해서 독립투쟁에 나섰던 인사 중 다수가 이 감옥에서 처형되었다. 최근에는 아일랜드의 독립과 관련된 영화나 TV 방송 촬영지로 자주 이용되고 있으며, 영화 ≪이탈리안 잡(The Italian Job, 2003)≫과 ≪아버지의 이름으로(In the Name of the Father, 1993)≫, 그리고 TV 드라마 ≪튜더스(The Tudors, 2007)≫ 등이 이곳에서 탄생했다.

킬마이넘 감옥

제1차 세계대전이 끝날 즈음인 1918년 치러진 총선거에서, 아일랜드 공화주의자들은 '신페인(Sinn Fein: '우리들 스스로의 힘으로[Ourselves Alone]'라는 뜻)'당의 이름으로 다수의 의석을 차지했다. 대부분이 부활절 봉기 때 퇴역 군인이었던 이들은 드 발레라의 영도領導 하에 더블린 맨션 하우스(Mansion House: 더블린 시장의 관저)에 최초의 데일(Dail Eireann: 아일랜드 의회)을 구성하고, 아일랜드가 독립국가임을 선포했다. 후에 아일랜드 의용군은 아일랜드공화군이 되었으며, 아일랜드 의회는 아일랜드공화군이 아일랜드에서 영국군에 대항하여 싸울 수 있는 조건을 인가했다. 이로 인해 얼마 되지 않아 아일랜드의 전 국토가 피로 물들게 되었다.

영국 – 아일랜드 전쟁

1919년 1월 21일 더블린에서 아일랜드 의회가 처음으로 개원되던 날, 티퍼레리 주에서 영국 경찰관 두 명이 아일랜드 의용군이 쏜 총에 맞아 목숨을 잃었다. 이로써 2년 반에 걸친 처절한 영국-아일랜드 전쟁이 시작되었다. 이 기간에 벌어진 전투의 특징은, 반란군의 활동과 이에 맞서는 영국군의 보복과 처형으로 점철된 게릴라전이었다.

아일랜드 반란군(주로 아일랜드공화군[IRA]으로 구성됨)의 지도자는 부활절 봉기에서 살아남은 코크 주 출신의 마이클 콜린스Michael Collins, 1890~1922였다. 그는 당시 30세에 불과했지만, 카리스마가 있고 냉혹한 성품을 지녔기 때문에 게릴라 전투를 효율적으로 지휘했다. 그뿐만 아니라 적의 첩자나 비밀경찰을 색출하여 제거하는 데에도 뛰어난 수완이 있었다(1996년 개봉된 영화 ≪마이클 콜린스[Michael Collins]≫ 참조).

콜린스의 진두지휘 하에 당시 3,000여 명에 달했던 아일랜드공화군이 맹활약을 펼치자, 영국 정규군 '왕립 아이리시 보안대(The Royal Irish Constabulary, RIC)'는 세를 불리기 위해 퇴역 군인들을 끌어모았다. '외인 보조 부대Auxiliaries'와 '블랙 앤 탠즈(Black and Tans: 아일랜드의 민중 반란군을 진압하기 위해 영국 퇴역 군인들로 구성된 예비역 특수 부대로, 그들이 입었던 카키

색 군복과 검은색 경찰 모자와 벨트로부터 유래한 명칭)'로 알려진 이들 예비역 특수 부대들은 구타와 살인을 저지르는 것은 물론, 아일랜드 전역의 마을들을 약탈하고, 코크시市를 방화하는 등 무자비하기 이를 데 없는 만행을 저질렀다.

1920년 11월 21일 일요일 아침, 영국군 첩보 요원 14명이 콜린스가 이끄는 암살조The Squad에 의해 살해되는 사건이 발생하자, 블랙 앤 탠즈는 과감한 보복을 감행했다. 그들은 곧바로 교도소를 습격하여 3명의 죄수를 처형하고, 이어 오후에는 더블린 시내에 있는 '게일운동협회Gaelic Athletic Association, GAA'의 본부 크로크 파크 스타디움Croke Park Stadium에 난입하여 게일 축구 시합 중인 선수 1명과 관중 13명을 무차별 학살했다.

이들의 잔학성과 만행은 결국 영국에 대한 아일랜드 민중의 분노를 자극했고, 독립에 대한 열망을 결집시키는 계기가 되었다. 아일랜드공화군은 효과적인 기습 공격을 위해 유격대를 조직하여 적진에 침투했으며, 이들은 국내 지형을 잘 알고 있었기 때문에 큰 성과를 거두었다. 그리하여 마침내 1921년 7월, 양측은 휴전협상에 동의했다.

한편, 코크시의 시장이었던 테렌스 맥스위니Terence MacSwiney는 영국군에게 체포되자, "최후의 승리자는 고통을 가하는 자가 아니라 고통을 감내하는 자"라고 외치면서, 73일 동안의 기나긴 역사적 단식 투쟁을 벌인 뒤 의롭게 죽음을 맞았다. 이어서 거행된 대규모 장례식과 함께 이 사건은 전 세계인의 이목을 집중시켰다. 특히, 간디Mahatma Gandhi, 1869~1948를 위시한 인도의 민족주의 지도자들에게 큰 영향을 미쳤다.

휴전이 이루어진 뒤 런던에서 몇 달간 끈질긴 협상을 벌인 끝에 1921년 12월 6일, 아일랜드 대표단은 '앵글로-아이리시 조약The Anglo-Irish Treaty'에 서명했다. 이 조약은 남부 26개 주의 독립은 허용하되, 북부 신교 지역인 얼스터 6개 주는 독립으로부터 탈퇴할 수 있는 권한을 주었다. 만약 이들이 탈퇴를 결정하면, '경계 위원회 Boundary Commission'가 남북의 경계를 정하도록 위임했다. 이 조약으로 말미암아 아일랜드는 자치령의 지위를 얻었다. 하지만 이는 결코 완전한 독립이 아니었으며, 단지 아일랜드인이 독립을 추구할 수 있는 권리를 인정한 것뿐이었다.

아일랜드 측에서는 콜린스와 아더 그리피스Arthur Griffith, 1871~1922가 조약에 관한 협상을 주도했다. 이 두 사람은 다수의 아일랜드 의회 의원들이 북부 지방을 잃는 것과 영국 왕이 여전히 새로운 '아일랜드 자유국가(The Irish Free State: 1949년까지 남아일랜드로 알려짐)'의 수장首長이 된다는 사실 및 아일랜드 의원들이 영국 왕에게 바치는 충성 서약을 받아들이지 않으리라는 것을 예상하고 있었다. 그런데도 이들은 더블린에 있는 드 발레라와 아무런 상의도 없이 조약에 서명했다. 따라서 이들이 공화국이 아닌 26개 주만의 자치령을 담보하는 조약문을 가지고 런던에서 귀국하자 드 발레라는 이를 거부했다.

콜린스는 영국 왕이 '아일랜드 자유국가'의 수장이 되는 것과 충성 서약의 문제를 상징적인 것으로 가볍게 여겼고, 북부 6개 주가 결국에는 자생력을 얻지 못하여 '아일랜드 자유국가'에 편입될 것으로 믿었다. 또한, 협상 기간 내내 경계위원회가 '아일랜드 자유국가'에서 떨어져 나간 지역의 범위를 축소해줄 것으로 확신했다. 그는 조약 서명에 대한 위험을 미리 예견했기 때문에, "나는 오늘 밤 나 자신의 사형집행 영장에 서명했는지도 모른다"고 말했다. 이후 이 조약을 받아들이려는 세력과 완전한 독립을 위해 끝까지 투쟁도 불사하려는 공화파 사이에 내란이 일어났다.

분할과 내란

1921년 6월 22일 제임스 크랙James Craig, 1871~1940을 초대 수상으로 하는 북아일랜드 의회가 생겨났다. 의원으로 선출된 가톨릭 자치론자들은 마지못해 의원직을 받아들였다. 처음부터 북아일랜드의 정치는 종교적 이유로 분열의 양상을 띠었다.

한편, '아일랜드 자유국가'가 탄생하고, 일반 대중의 지지를 얻지 못한 조약이

1922년 1월 아일랜드 의회(데일)에서 비준되었다. 6월에 처음 치러진 총선거에서 조약을 찬성하는 세력이 승리했다. 하지만 콜린스는 조약을 받아들이도록 동료들을 설득하는 데 실패했다. 결국, 1922년 6월 28일, 1년 전에 공동의 적에 대항해서 함께 싸웠던 동료들 간에 내란이 일어났다. 콜린스는 코크 주에서 복병에 의해 총살당했고(1922년 8월 22일), 그리피스는 불안 증세와 피로로 숨졌다. 드 발레라는 윌리엄 코즈그래이브William Cosgrave, 1880~1965 총리가 이끄는 새 자유국가 정부에 의해 잠시 투옥되었다. 그런데 이 정부는 옛 동지 중에 77명이나 되는 많은 수의 사람들을 처형했다. 이후 내란은 1923년에 가까스로 종결되었다.

수년 동안 데일을 거부한 드 발레라는 '피어나 포일(Fianna Fail: 아일랜드 전사들이라는 뜻)'이라는 새로운 정당을 만들었는데, 이 정당은 1927년에 치러진 선거에서 거의 절반의 의석을 얻었다. 드 발레라와 새로 선출된 의회 의원들(Teachtaí Dála, TDs: Members of the Dail)은 영국 왕에게 충성 서약도 하지 않은 채 데일에 합류했고, 곧 제1 야당이 되었다.

'피어나 포일당'은 1932년 선거에서 집권에 성공했고, 드 발레라는 총리가 되었다. 이후 그는 16년간 권좌에 머물면서 현대 아일랜드의 초석을 놓았다. 1937년에 새로 제정된 아일랜드 헌법은 충성 서약을 폐지했고, 북부 6개 주의 주권을 인정했다. 또한, 종교적 불경不敬을 범죄로 인정하도록 했으며, 피임과 이혼을 금지했고, 여성의 지위를 가정으로 한정했다.

독립을 쟁취하는 과정에서 아일랜드 정부는 보호무역 정책을 취함으로써 경제를 어렵게 했는데, 엎친 데 덮친 격으로 드 발레라는 '앵글로-아이리시 조약에서 영국 정부에 지불하기로 합의한 차관 상환을 거부함으로써 영국과 격렬한 무역 전쟁을 일으켰다. 이 때문에 아일랜드의 농업은 거의 고사 상태까지 이르게 되었으며, 이 무역 전쟁은 1948년 총선거 바로 직전에야 해결되었다.

공화국

'피어나 포일당'은 1948년 총선거에서 '클랜 나 포블락터Clann na Poblachta, Children of the Republic 신당'과 제휴한 '피네 게일(Fine Gael: 통일 아일랜드당)당'에게 패했다. 새로 들어선 연립정부는 마침내 '아일랜드 자유국가'가 '아일랜드 공화국The Republic of Ireland, The Irish Republic'임을 선포하고, 1949년 '영연방The British Commonwealth'으로부터 탈퇴했다. 또한, 북아일랜드와의 관계도 완전히 끊었다.

1959년 드 발레라의 후계자 숀 레마스Sean Lemass, 1899~1971가 권좌에 올랐다. 그는 국가 경제를 발전시켜 계속되는 이민을 막아 보고자 했다. 그의 정책은 효과가 있어서 1960년대 중엽에는 해외로 이민을 떠나는 숫자가 10년 전의 절반 이하로 줄었다. 그뿐만 아니라 해외로 이민을 나갔던 사람들도 속속 다시 귀국했다. 그는 또한 무료 중등교육을 처음으로 도입했다. 1962년에는 아일랜드 고유의 텔레비전 채널이 설치되었고, 1963년에는 아이리시 이민자의 증손자인 미국 존 F. 케네디 John Fitzgerald Kennedy, 1917~1963 대통령이 아일랜드를 국빈 방문하여 국민들의 자긍심을 고취했다.

1973년 아일랜드 공화국은 북아일랜드와 함께 유럽경제공동체(The European Economic Community, EEC: EU의 전신)의 회원국이 되었다. 이 덕택에 처음에는 어느 정도 경제적 번영을 누렸지만 1980년대 초에는 다시 한번 경제적 시련에 봉착했고, 해외로 이민을 떠나는 사람들의 숫자도 다시 증가했다. 아일랜드 경제는 1990년대 초부터 회복되기 시작하여 지금은 유럽에서 가장 내실 있는 경제성장을 일궈내고 있다.

한편, 문화와 윤리 문제에 대한 가톨릭의 영향력이 약화되기 시작했다. 낙태와 이혼에 관해 1980년대에 시행된 국민투표에서는 이 두 가지 모두가 불법적인 것으로 결론이 났으나, 1995년에 시행된 이혼에 관한 국민투표에서는 가까스로 통과되었다.

비록 대통령의 권한이 축소되긴 했지만 1990년에 페미니스트 변호사 출신 메리 로빈슨Mary Robinson, 1944~이 대통령이 되자, 그녀는 각종 제도를 현대화하고, 사회

정책에 관해 비공식적 채널을 통해 막강한 영향력을 행사했다. 로빈슨은 이혼, 피임, 낙태, 동성애자의 권리 등에 관한 강경 보수적 입장에서 탈피하고자 상당한 노력을 기울였다.

1997년 로빈슨의 뒤를 이어 메리 매컬리스Mary McAleese, 1951~가 대통령(1997~2011)이 되었다. 매컬리스는 신교도와 가톨릭교도 간의 종교적 갈등으로 폭력이 난무하는 북아일랜드 벨파스트에서 9남매 중 장녀로 태어났다. 매컬리스는 과거에 소수계인 가톨릭이라는 이유로 가족이 마을에서 쫓겨나는 아픔도 겪었다. 당연히 매컬리스는 남들과 대등한 교육을 받을 수가 없었다. 하지만 그녀는 퀸스대학교 Queen's University of Belfast 법대를 졸업한 뒤 1974년 변호사가 되었고, 1975년부터 더블린에 있는 트리니

메리 매컬리스 대통령

티대학Trinity College Dublin 법대 교수와 1979년에 아일랜드 방송 협회(Radio Telefis Eireann, RTE) 기자를 거쳐 퀸스대학교 최초의 여성 부총장이 되었다. 1997년에는 58.7%의 득표율로 대통령에 당선되어 2011년 성공리에 임기를 마쳤다.

매컬리스는 로빈슨보다는 보수적이었지만 로빈슨의 정책을 계승함으로써 대통령에 당선되었다. 따라서 사회 문제에 관해서는 관용적 입장을 견지했다. 일례로, 더블린 남부에 있는 남녀 동성애자들의 거처 아웃하우스Outhouse를 방문한 일이나, 아일랜드 국교회의 성찬식에 참석한 일로 물의를 빚기도 했다. 또한, 그녀는 재임 기간 내내 아일랜드섬의 종파적·정파적 분열을 치유하는 데 큰 노력을 기울였다.

2005년 3월에 한국을 방문하여 이화여대에서 명예박사학위를 받기도 한 매컬리스 대통령은, 아일랜드의 미래 국가 전략에 대해 "번영을 지속하기 위해서는 다양한 문화를 받아들이고, 지식 산업을 확대해야 한다"고 말했다. 매컬리스의 개방정책은 반대표를 던진 사람들까지도 끌어안는 포용력을 발휘함으로써 그녀는 한

동안 '국민의 대통령'으로 추앙받았다.

2011년 10월 27일에 치러진 대통령 선거에서는, 노동당 소속 마이클 대니얼 히긴스Michael Daniel Higgins, 1941~가 제9대 대통령에 당선되어 현재 재임 중이다.

1997년 '피어나 포일당' 소속 버티 어헌Bertie Ahern, 1951~은 '진보 민주당' 및 무소속 의원들과 제휴하여 연립정부를 구성한 뒤 총리가 되었으며, 메리 하니Mary Harney, 1953~는 아일랜드 최초의 여성 부총리가 되었다.

버티 어헌 정부는 북아일랜드의 평화정착에 심혈을 기울였다. 그중 하나가 '성聖 금요일 협정Good Friday Agreement'인데, 이 협정은 아일랜드섬 전체에 미치는 문제들을 다루기 위해 아일랜드 공화국 정부가 일원이 되는 남북 각료협의체를 마련했다. 또 하나는 북아일랜드의 평화정착을 위해 영국과 아일랜드 공화국의 관계 개선이었다. 이를 위해 버티 어헌 총리는 토니 블레어Tony Blair, 1953~ 영국 총리를 초청하여 의회 연설을 주선하기도 했다. 취임(1997년 5월 1일) 이후 첫 방문지로 아일랜드를 선택한 블레어는, 19세기 중반에 영국인의 착취로 인해 100만 명의 아일랜드인이 굶어 죽은 대기근에 대해 사과했다.

버티 어헌은 오르락내리락하는 인기와 부인과의 불화로 세간을 떠들썩하게 했지만, 2002년 재선에 성공함으로써 다시 한번 정권을 잡았다. 지난 30년 동안 재임에 성공한 정권은 버티 어헌 정부가 처음이다. 2004년에는 잠시 유럽연합 위원회의 회장을 맡아 유럽연합의 확대를 지지하기도 했다. 버티 어헌 총리는 2007년 5월 24일 시행된 총선에서, 높은 경제성장을 이뤄낸 점과 북아일랜드 평화협상을 중재하여 자치 정부 출범을 이끌어낸 노력에 힘입어 세 번째 연임에 성공했다. 이로써 그는 1932년부터 1957년까지 7회 연속 총리를 역임한 이몬 드 발레라에 이어 역사상 두 번째 장수 총리가 되었다. 그는 10년 동안 집권하면서 부패와 비판이 달라붙지 않는다고 해서 '테프론 총리(Teflon Taoiseach: '테프론'은 잘 달라붙지 않는 특성 때문에 프라이팬 등에 쓰이는 코팅제를 말하며, 비판과 추문이 따라붙지 않는다고 해서 붙여진 별명)'라는 칭송을 받았다. 하지만 1990년대에 있었던 뇌물 수수 의혹이 터지면서 2008년 5월 갑자기 중도에 사임했다. 그의 뒤를 이어 브라이언 카우언Brien Cowen, 1960~ 총리가 2011년 3월까지, 이어 엔다 케니Enda Kenny, 1951~ 총리가 2017년 6월까지 총리직을 수행했으며, 현재는 리오 버라드커Leo Varadker, 1979~ 총리가 행정부를 이끌어가고 있다.

현대의 아일랜드

1950년대에 아일랜드는 유럽에서 가장 폐쇄되고 못사는 '거지의 나라'였다. 가난을 견디다 못해 먹을 것과 일자리를 찾아 해외로 떠나는 이민자의 수가 급증함에 따라 국가 경제는 폐허 그 자체였으며, 총인구는 300만 명도 채 되지 않았다. 그러나 1960년대 초반부터 아일랜드는 소외되고 못사는 농업 국가에서 탈피하여 경제 발전을 착실히 일궈가는 현대국가로 변모하기 시작했다. 우선, 무역의 장애가 되는 관세를 인하함으로써 외국인 투자자들을 끌어들였으며, 1973년에는 '유럽경제공동체'에 가입함으로써 유럽 시장을 개척했다. 이제 영국은 더 이상 유일무이한 무역 상대가 아니었다. 또한, 낡은 교육제도의 혁신과 정비를 통해 젊은 세대들이 더 나은 미래를 준비할 수 있는 길도 열어주었다.

이러한 결과에 힘입어 1990년대 후반 아일랜드의 경제는 40%의 성장을 기록했고, 더블린의 자산 가치는 3배로 급상승했다. 1999년 한 해 동안 아일랜드를 찾은 관광객 수는 총 6백만 명으로, 이는 아일랜드의 인구수를 훨씬 능가하는 숫자였다. 또한, 1990년대 중반부터 이민 행렬이 멈추고, 해외로 줄줄이 떠났던 아일랜드인들(역이민자들)이 속속 되돌아오고 있다. 그뿐만 아니라 일자리를 찾아 외국인들도 구름처럼 몰려오고 있다.

전통적으로 농업과 목축에 의존하던 아일랜드는 지난 반세기 동안 정보통신, 소프트웨어, 반도체, 컴퓨터, 제약, 의학, 생명공학 중심의 최첨단산업 국가로 변신하여 하루가 다르게 발전해왔다. 그리하여 1988년 1인당 국민소득 1만 달러를 달성한 이후, 1996년에 2만 달러, 2002년에 3만 달러, 2005년에는 4만 달러, 2007년에는 5만 달러를 돌파하는 기적을 이뤄냈다. 또한, 아일랜드의 국내 총생산(Gross Domestic Product, GDP)은 이른바 '켈틱 타이거'라 불리는 경제 도약에 힘입어 유럽연합 회원국들의 평균치를 훨씬 능가했다.

하지만 2008년 9월 미국 금융회사 리먼 브라더스Lehman Brothers Holdings, Inc. 파산의 여파로 금융위기가 터지자, 개방·수출 경제의 부작용으로 인해 글로벌 금융위기의 희생양이 되었다. 급기야 2010년에는 국제통화기금, 유럽중앙은행, 유럽연합으로부터 총 850억 유로의 구제금융을 받는 수모를 당하기도 했다. 그랬던 아일랜드가 그로부터 3년 뒤 구제금융의 악몽을 완전히 떨쳐내고, 현재는 유럽에서 가장 높은 경제 성장률을 자랑하며 '켈틱 호랑이 2.0'으로 부활하여 다시 포효하고 있다.

그럼에도 불구하고 최근 20년 동안 '경기 붐'과 '거품 붕괴'라는 롤러코스터roller coaster식 경제성장을 겪어온 아일랜드는 인구의 도시집중과 함께 많은 사회적 문제를 안고 있다.

한때 아일랜드의 전 국토는 초록빛 들판과 숲들이 끝없이 펼쳐진 아름다운 전원의 나라였다. 하지만 지금은 아일랜드인이 그토록 소중히 여겨온 국토가 산업시설 및 주거를 위한 공간으로 급격히 탈바꿈하고 있다. 이는 필연적으로 기상이변, 대기 오염, 수질 오염 등과 같은 환경문제를 불러일으켰고, 도시화와 더불어 촉발된 인구의 도시집중은 주택, 교통, 상하수도, 전기 등과 같은 문제로부터 빈부 격차 및 범죄의 증가에 이르기까지 각종 사회적 병폐를 낳고 있다.

또한, 아일랜드는 과거의 동질화 사회로부터 다문화 사회로 변모해 가고 있다. 더 나은 일자리와 보수를 찾아 유럽연합 회원국, 동유럽, 그리고 아시아·아프리카 대륙에서 몰려오는 사람들이 사회의 양상을 완전히 바꿔 놓고 있기 때문이다. 이들 중 일부는 심지어 정치 무대로까지 진출하여 영향력을 행사하고 있다. 아일랜드인은 이러한 변화의 물결을 열린 마음으로 받아들이며, 다문화 사회로의 진입을 자축하고 있다. 하지만 사려 깊은 사람들이 국가의 정체성에 대한 진지한 고민을 시작한 것도 부인하기 힘든 사실이다.

국가의 정체성에 관한 문제는 언어 사용의 문제와도 관련이 있다. 한때 국가의 통일과 마찬가지로 아일랜드어(게일어)의 부활이 드 발레라 총리의 지대한 관심사였고, 또한 헌법에도 국가의 제1 공용어로 명시되어 있지만, 결국 아일랜드어는 국민의 일상어로 자리 잡는 데 실패하고 말았다. 하지만 그들의 고유 언어인 아일랜드어에 대한 관심이 지금 다시 일기 시작하고 있다. 학부모의 관심과 후원으로 각급 학교에서 아일랜드어 교육이 시행되고 있을 뿐 아니라, 텔레비전 방송 또한 아일랜드어의 보급과 확산에 일조하고 있다. 게다가 1960년대부터 시작된 아일랜드 전통음악의 부활과, 이에 대한 세계인들의 높은 관심이 아일랜드어의 앞날을 밝게 해주고 있다.

지금 아일랜드는 '켈틱 타이거'의 등에 올라 유례없는 경제 호황을 누리고 있다. 그리고 이제껏 누려보지 못한 물질적 풍요에 도취되어 '먹고, 마시고, 즐기자'는 풍조가 만연해 있다. 지나칠 정도로 외국 자본에 의존함으로써 거품경제가 언제 무너질지 모른다는 걱정이 전혀 없는 것은 아니지만, 이는 새롭게 부상하고 있는 중산층에게는 그저 먼 나라의 일일 뿐이다. 이들에게는 최신형 자동차, 해외에서 보내는 휴가, 고급 와인, 유흥, 도박, 섹스 등만이 눈앞의 관심사이다. 급기야 이러한 소비만능주의와 유흥문화는 마약 및 알코올 중독, 교통사고, 각종 범죄, 건강문제 등을 야기했을 뿐만 아니라, 이혼 법정을 붐비게 했고, 피임이 10대들의 일상사가 되게 했으며, 낙태를 공공연한 화젯거리로 만들었다. 최근에는 동유럽인과 중국인이 늘어나면서 퇴폐 노래방이나 몸을 팔려는 여자들도 등장했다. 더블린에는 '조지 바The George'라는 게이 바gay bar도 성업 중이다. 조용하던 아일랜드가 성장통成長痛도 함께 겪고 있다(주간조선 20).

지난 2016년은 1916년에 있었던 '부활절 봉기' 100주년을 기념하는 해였다. 지난 1세기 동안 아일랜드는 지구촌 사람들의 상상을 뛰어넘을 정도로 부침浮沈을 겪어 왔다. 눈부신 경제성장을 이뤄냈는가 하면, 수난 속에 문화의 꽃을 피워냈다. 21세기 아일랜드의 핑크빛 미래를 위해서는, 아일랜드의 어제와 오늘에 대한 성찰과 함께 역사와의 끊임없는 대화가 절실히 요망되는 시점이다. 또한, 하이테크 문명과 4차 산업혁명의 와중에도 찬란한 문화유산과 윤리적 가치들이 여전히 살아 숨 쉬는 에메랄드빛 섬을 지구촌의 등대이자 오아시스로 가꾸어가는 것은 오늘을 살아가는 아일랜드인들의 몫이다.

북아일랜드 지도

NORTH CHANNEL

NORTHERN IRELAND

Londonderry
LONDON-
DERRY
ANTRIM
DONEGAL
Omagh
Belfast
TYRONE
Armagh
DOWN
FERMANAGH
ARMAGH
Sligo
MONAGHAN
SLIGO
LEITRIM
CAVAN
MAYO
ROSCOMMON
LONGFORD
LOUTH
MEATH
GALWAY
WESTMEATH
DUBLIN
Galway
Dublin
THE REPUBLIC
OFFALY
KILDARE
of
IRELAND
LAOIS
WICKLOW
ATLANTIC OCEAN
CLARE
CARLOW
Limerick
TIPPERARY
WEXFORD
LIMERICK
KILKENNY
Tipperary
Wexford
Tralee
Waterford
CORK
WATERFORD
IRISH SEA
KERRY
Killarney
Cork

북아일랜드의 일반 현황

공식 명칭	Northern Ireland, North of Ireland, 얼스터(Ulster)
면적	14,139km^2
인구	180만 명
주도(主都)	벨파스트(Belfast)
지역	앤트림(Antrim), 다운(Down), 아마(Armagh), 티론(Tyrone), 퍼마나(Fermanagh), 런던데리(Londonderry)의 6개 주
주요 도시	벨파스트(Belfast), 런던데리(Londonderry), 오마(Omagh)
기후	온화함
종교	신교 45%, 가톨릭 40%, 기타 5%, 무종교 10%
공용어	영어
가족 규모	2.1명
통화	파운드 스털링(Pound Sterling)
인종	켈트족(99%), 인도인, 중국인 등의 소수 민족(1%)
정부	영국(UK)의 속국으로 17명의 영국 의회 의원을 선출하며, 스토몬트(Stormont)에 독립적인 자치의회를 두고 있음
국제 전화 코드	00 44로 영국과 동일함
주요공항 및 항구	벨파스트(Belfast) 국제공항, 벨파스트(Belfast) 항
시차	우리나라보다 9시간이 늦음
전기	240볼트로 영국과 동일함
방송 매체	BBC TV, BBC Radio, Ulster Television(상업 방송)
주요 신문	「벨파스트 텔레그래프(The Belfast Telegraph)」, 「뉴스레터(The Newsletter)」, 「아이리시 뉴스(The Irish News)」
주요 거리	폴스 로드(The Falls Road): 가톨릭교도 거주 지역 샨킬 로드(The Shankill Road): 신교도 거주 지역
가장 높은 산	스리브 도나드산(Slieve Donard)
가장 넓은 호수	네이호(Lough Neagh)
관광 명소	자이언츠 코즈웨이(The Giant's Causeway), 팜 하우스(Palm House) 영화 《타이태닉(Titanic)》: '타이태닉호' 배는 1912년에 벨파스트 인근에 있는 Harland & Woolff 조선소에서 건조됨

애수의 땅 북아일랜드

얼스터Ulster라고도 불리는 북아일랜드는 앤트림Antrim, 다운Down, 아마Armagh, 티론 Tyrone, 퍼마나Fermanagh, 런던데리Londonderry의 6개 주로 구성되어 있으며, 북아일랜드 정부는 이를 다시 26개 지구로 구분하고 있다. 북아일랜드는 북쪽에서 동쪽으로 바다에 의해 둘러싸여 있고, 서쪽에서 남쪽으로는 남아일랜드 공화국의 도니갈 Donegal, 카반Cavan, 모나간Monaghan 등의 주들에 의해 둘러싸여 있다. 전체 면적은 아 일랜드 공화국의 20.1%인 14,139km²이고, 인구는 아일랜드 공화국의 39.1%인 180만 명이며, 주도主都는 벨파스트Belfast이다.

북아일랜드는 스코틀랜드와 단지 24km(가장 인접한 지역) 정도 떨어져 있어 아일랜 드 문화와 스코틀랜드 문화가 혼재한 곳이다. 동부 지역은 스코틀랜드 문화의 영 향을 많이 받은 신교 연합론자Unionist, 45%가 사는 지역이고, 서부와 남부는 가톨릭 자치론자Nationalists, 40%가 사는 지역이다. 따라서 북아일랜드 사람들은 자신들을 영 국인으로 생각하는 연합론자와 아일랜드인으로 생각하는 자치론자로 구분하며, 종 교적으로도 신교와 가톨릭으로 양분된다. 그뿐만 아니라 그들이 쓰는 언어조차도 악센트와 발음이 남아일랜드와는 아주 다르다. 북아일랜드 사람들은 여권도 그들의 취향에 따라 영국 여권이나 아일랜드 여권 중 하나를 선택할 수 있다.

　　1960년대부터 '북아일랜드 분쟁The Troubles' 사태에 의해 야기된 소요사태나 폭력의 장면을 신문이나 방송을 통해 목격한 사람은 북아일랜드가 하나의 전쟁터를 방불케 하는 곳으로 생각하기 쉽지만, 오늘날은 전혀 그렇지 않다. 벨파스트의 일부 거리들Falls Road, Shankill Road을 제외한 여타의 지역들은 매우 평화롭고 안전하며 과거의 상처를 치유하고 있다.

자이언츠 코즈웨이

　　북아일랜드는 남아일랜드(아일랜드 공화국)보다 산지가 많으나 남아일랜드와 마찬가지로 높은 산은 거의 없다. 그중에 가장 높은 산은 스리브 도나드산(Slieve Donard: 해발 850m)이다. 북부 지역은 화산 지형으로 이루어져 있으며, 그 일부인 자이언츠 코즈웨이The Giant's Causeway는 세계적 명소이다. 또한, 북아일랜드의 중심에 있는 네이호Lough Neagh는 아일랜드와 영국에서 가장 큰 호수이다(이승호 233).

　　북아일랜드는 벨파스트를 제외하고는 아일랜드의 여타 지역들과 마찬가지로 대부분이 농업 지역이기 때문에, 비옥한 초록의 대지가 끝없이 펼쳐져 있어 섀넌강Shannon River 서쪽에 있는 황무지와 뚜렷이 대조된다. 비옥한 농토, 충분한 수량水量,

그랜드 오페라 하우스

습한 기후 등을 보면 17세기에 플랜테이션(Plantation, 식민[植民])이 북아일랜드로 집중된 이유를 짐작할 수 있다. 이곳의 뛰어난 자연 풍경은 동부의 앤트림 계곡Glens of Antrim에서 볼 수 있다. 초록의 숲들로 우거진 앤트림 계곡은 강, 폭포, 야생화, 새들과 함께 어우러져 늘 더없이 아름다운 풍경을 연출하고 있다. 이밖에도 영국의 지배를 받기 시작한 이후에 세워진 그랜드 오페라 하우스Grand Opera House, 벨파스트 시청사Belfast City Hall, 앨버트 기념 시계탑Albert Memorial Clock Tower, 세인트 앤 성당St. Ann's Cathedral, 벨파스트 성Belfast Castle 등 수많은 유적지도 좋은 볼거리들이다(이승호 233, 박우룡 391).

벨파스트 시청사

북아일랜드의 경제는 남아일랜드보다는 영국과 밀접한 관련이 있다. 1960년대부터 시작된 '북아일랜드 분쟁' 사태로 인해 북아일랜드의 경제는 과거의 영광을 되찾지 못한 채 남아일랜드의 경제보다 뒤처진 면이 있다. 하지만 영국과 유럽연합으로부터 보조금을 받고 있다. 예전에는 농업과 목축, 조선과 리넨linen 산업이 주류를 이뤘으나, 요즈음은 정보통신산업이 대세를 이루고 있다.

폴스 로드

1177년에 세워진 벨파스트는 북아일랜드의 주도가 된 이후 빠르게 성장하고 있는 도시이다. 중심부에서 서쪽으로 뻗은 폴스 로드The Falls Road 양쪽으로 펼쳐진 지역이 가톨릭교도 거주 지역이고, 중심부에서 동쪽으로 이어진 샨킬 로드The Shankill Road 지역이 신교도 거주 지역이다. 벨파스트는 오늘날 북아일랜드 전체 인구의 1/3이 사는 인구 30만 명의 거대 도시로 발돋움했지만, 17세기까지만 해도 작은 마을에 불과했다. 하지만 영국의 식민정책, 스코틀랜드 장로교도 이주의 여파, 산업혁명, 그리고 19세기에 리넨, 밧줄 제조, 기계공업, 담배, 조선, 해상 무역 등과 같은 산업들이 발전하면서 10년마다 두 배 크기로 성장했고, 1939년 무렵에는 더블린보다 인구가 많았다. 리넨이 이 도시의 대표적 제품으로 알려졌지만 과거에는 조선업으로 세계 정상을 달렸던 곳이기도 하다. 처녀출항 중에 좌초한 호화 유람선 '타이태닉Titanic호'가 1912년에 건조된 곳도 바로 이곳이다(정확한 장소는 Harland & Woolff 조선소). 1840년대에 유리로 만들어져 100년 이상 된 열대식물들이 자라고 있는 팜 하우스Palm House와 1845년에 세워진 퀸스대학교Queen's University of Belfast도 이 도시의 명물 목록에 들어간다(박우룡 390). 그 외에 런던데리Londonderry와 리즈번Lisburn도 인구가 10만 명이 넘는 지구地區이다.

타이태닉호 침몰 장면

팜 하우스

타이태닉호의 출생지 벨파스트는 2012년 타이태닉호 재난 100주년을 맞아 관광객과 투자 유치에 발 벗고 나섰다. 따라서 오늘날 벨파스트는 새로운 모습으로 활기를 되찾고 있지만, 얼마 전까지만 해도 분쟁과 소요의 흔적이 사방에 널려 있었다.

신교도와 가톨릭교도 경계 지역의 벽에는 낙서투성이였으며, 거리 곳곳에는 중무장한 군인들이 삼엄한 경계를 폈다. 또한, 철조망 바리케이드barricade가 사방을 가로막고 있었다. 하지만 지금은 오랜만에 평화를 되찾아 문예부흥Literary Renaissance을 주도하며 제2의 전성기를 누리고 있다.

북아일랜드의 역사

종교개혁과 식민

앵글로-아이리시 관계의 역사는 12세기에 영국 왕 헨리 2세Henry II의 영도하에 노르만족에 의한 아일랜드 식민지 개척과 더불어 시작된다. 이후 2세기에 걸쳐 노르만 정착민은 토착 아일랜드인보다 더 아일랜드화 되어 갔으며, 이러한 상태가 지속되었다면 아마도 아일랜드는 영국 왕의 통치를 받으면서도 만족스러운 앵글로-아이리시 사회를 형성했는지도 모른다. 그러나 16세기에 영국 왕 헨리 8세Henry VIII는 캐서린 왕비Catherine of Aragon와의 이혼을 구실로 로마 가톨릭과 결별하고 '영국 국교회 (The Church of England, The Anglican Church, 성공회)'를 세웠다. 이때 아일랜드 가톨릭교도의 저항이 매우 집요했지만, 곧 헨리의 군대에 의해 진압되었다. 헨리는 무력을 사용해서 아일랜드 가톨릭교도를 영국 국교도로 개종시키고자 했으며, 또한 아일랜드 토착민의 땅을 강제로 몰수했다. 이렇게 함으로써 헨리는 앵글로-아이리시 관계에서 토지와 종교에 관한 영구적 문제의 씨앗을 뿌렸다.

북아일랜드 신·구교의 대치 장면

헨리가 시작한 일은 그의 딸 엘리자베스 1세Elizabeth I에 의해서도 지속되었다. 얼스터는 그녀가 통치하기에 특히 어려운 지역이었다. 얼스터 지역의 군인들은 엘리자베스의 군대와 맞서 1603년까지는 잘 싸웠으나, 결국 1607년에 패했다. 이때부터 얼스터 지역에 식민植民의 역사가 시작되었다. 대부분이 스코틀랜드에서 건너온 17만 명의 신교도 정착민을 보호하기 위해 얼스터 지역에 23개의 새로운 도시가 세워졌다. 이러한 식민정책은 곧 얼스터 지역의 사회구조를 변화시켰다.

이후 종교적 이유로 인해 토착 아일랜드인과 이주해온 정착민 사이에 균열이 생겼다. 스코틀랜드에서 건너온 이주자들은 대부분 신교의 한 분파인 장로교도였으므로, 가톨릭교도에 대해 깊은 불신을 품고 있었다. 한편, 이들은 얼스터로 건너올 때 토지와 관련된 각종 법 제도와 관습을 가지고 왔는데, 이는 얼스터 지역의 안정과 경제 발전에 많은 도움이 되었다. 특히, 이들 정착민은 교육과 근면을 중시했고 사업적 수완이 능했다. 이 모두는 19세기 동안 얼스터 지역의 산업화에 초석이 되었으며, 얼스터 지역이 아일랜드의 나머지 지역들과 차별화되는 근거가 되었다.

올리버 크롬웰과 오렌지공 윌리엄

1640년대 영국의 내란 기간 동안 아일랜드의 사태는 더욱 악화되었다. 당시 아일랜드에서는 찰스 1세Charles I를 지원하기 위해 가톨릭 군대가 결성되었는데, 이는 2만 명에 달하는 막강한 크롬웰Oliver Cromwell의 청교도(신교의 한 분파) 군대와는 비교가 되지 않았다. 크롬웰의 청교도 군대는 찰스 1세의 가톨릭 군대를 손쉽게 파멸시키고는, 아일랜드 국토 전역을 짓밟으면서 민간인들도 대량으로 학살했다. 이 사건은 가톨릭과 신교, 그리고 토착민과 이주민 사이에 적개심이 자리하는 실마리가 되었다.

40년 뒤, 가톨릭을 신봉하다 폐위된 제임스 2세James II를 돕기 위해 또다시 아일랜드에서 지원군이 결성되었다. 그러나 1690년 7월 12일에 윌리엄William of Orange, William III이 이끄는 신교도 군대는 '보인 전투The Battle of the Boyne'에서 제임스가 이끄는 가톨릭 군대와 싸워 완벽한 승리를 거두었다. 이 사건은 지금으로부터 330여 년 전에 발생했지만, 이는 역사의 처절한 현장으로 얼스터 지역에서는 오늘날도 여전히 기억되고 있다. 신교도는 오늘날도 자신들을 '오렌지 사람들'(Orangemen: 오렌지공 윌리엄을 본뜬 명칭)이라 부르며, 해마다 가톨릭 군대에 대항해서 거둔 윌리엄의 승리를 깃발을 들고 퍼레이드(parade, 가두 행진)를 벌이면서 경축하고 있다.

북아일랜드 사람들의 퍼레이드 장면

대기근

아일랜드의 역사에서 1845년부터 1951년까지 지속된 대기근The Great Famine보다 아일랜드인의 국민감정에 더 깊은 영향을 미친 사건은 없다. 19세기에 아일랜드의 근간 산업은 농업이었으며, 대부분의 농가는 주식으로 감자를 재배했다. 한편, 이들은 거의 모두가 작은 땅덩어리에 의존해서 생계를 연명하는 가난한 소작인으로 지주에게 높은 소작료를 내야만 했다. 그런데 7년 연속 감자 흉작이 잇따르자 대기근이 발생한 것이다.

당시 대기근의 여파로 100만 명의 사람들이 굶어 죽었고, 또 다른 100만 명의 사람들은 영국, 호주, 뉴질랜드, 캐나다, 미국 등지로 이민을 떠났다. 영국 정부는 대기근이 지속되는 동안 이들을 위해 적절한 조치를 취하지 않았기 때문에, 이 사건은 아일랜드인의 가슴속에 영국 정부에 대해 증오심과 한恨을 품는 계기가 되었다.

2개 국가의 운명

아일랜드는 대기근이 발생한 시점으로부터 2개 국가의 길을 걷기 시작했다. 19세기 동안 얼스터, 특히 벨파스트는 영국의 북부와 비슷한 방법으로 산업화가 이루어졌다. 발전된 산업경제 덕택에 얼스터는 농업에만 전적으로 의존하는 아일랜드의 여타 지역과 다르게 대기근의 영향을 별로 받지 않았다. 이곳에서는 토지와 관련된 법규도 다른 지역들보다 비교적 공정한 편이었다. 따라서 남아일랜드 사람들은 그들이 받는 가난과 고통에 대해 영국 정부를 비난했지만, 얼스터 사람들은 영국과의 합병이 그들에게 번영뿐 아니라 그들의 산업제품을 판매할 수 있는 시장을 제공해 준다고 생각했다.

1892년부터 1914년까지 아일랜드의 자치(Home Rule: 국내 문제에 국한된 독립)를 쟁취하기 위한 온갖 노력이 진행되는 동안, 얼스터 사람들은 이에 완강히 반대했으며, 영국과의 합병을 포기하기보다는 끝까지 싸우겠다고 나섰다.

분할

오랜 기간에 걸친 격렬한 투쟁 끝에 아일랜드의 남부는 마침내 1921년 '아일랜드 자유국가The Irish Free State'가 되었고, 얼스터는 '연합왕국The United Kingdom of Great Britain and Northern Ireland'의 일부로 남게 되었다. 이와 같은 아일랜드의 분단은 일반적으로 '분할partition 통치'로 알려져 있다.

'아일랜드 자유국가'는 마침내 1949년 공화국임을 선포했고, 이후로 '아일랜드 공화국The Republic of Ireland, The Irish Republic', '아일랜드Ireland', '에이레(Eire: 아일랜드의 옛 명칭)' 등의 이름으로 불리고 있다. 오늘날 '아일랜드 공화국'은 영국 및 북아일랜드로부터 완전히 독립을 이뤄 행정부를 수도 더블린에 두고 있다.

1949년부터 북아일랜드도 벨파스트 스토몬트Stormont에 의회와 수상을 두고 있다. 하지만 이들은 이 지역의 외치外治가 배제된 내치內治에만 관여할 뿐이며, 북아일랜드는 여전히 '연합왕국'의 일부로 남아있다.

벨파스트 스토몬트에 있는 의회 건물

갈등

처음부터 스토몬트 의회는 신교도에 의해 좌지우지되었다. 소수로 전락한 북아일랜드 가톨릭교도는 고용과 주거문제에 있어 신교도와 대등한 관계를 누리지 못했다. 따라서 이들은 정치·종교적 갈등으로 원수지간처럼 반목과 대립을 지속해오고 있었다. 신교도와 가톨릭교도 사이의 갈등은 심지어 상호 결혼까지 차단된 상태였으며, 어떤 곳에서는 교육과 주거 지역도 분리된 실정이었다. 정치·경제적으로 불리한 처지에 있던 가톨릭교도는 직업과 주거의 차별, 불공정한 법규의 철폐, 직업 선택의 동등한 기회, 투표권 등을 주장했으며, 이에 맞서 신교도 측에서도 가톨릭교도의 국가 사회에 대한 비협조적 태도를 비난해오고 있었다.

1960년대에 접어들자, 가톨릭교도에 대한 심각한 탄압과 차별 행위는 마침내 민권운동으로 발전하여 새로운 전환점을 맞게 되었다(미국에서 흑인들에 의해 촉발된 민권운동의 영향을 받음). 하지만 마틴 루터 킹Martin Luther King, 1929~1968이나 데스먼드 투투Desmond Tutu, 1931~ 대주교 같은 지도자들이 없었기에 북아일랜드의 60년대는 소수파인 가톨릭교도와 다수파인 신교도 사이에 이른바 '분쟁Troubles'으로 얼룩진 시기였다.

북아일랜드 분쟁의 폭력 장면

민권운동은 처음에는 평화적 압력단체로서 목소리를 내는 데 그쳤으나, 점차 적극적 시위 양상으로 변모해 갔다. 1960년대 런던데리Londonderry 주州의 인구는 대략 가톨릭교도 60%와 신교도 40%로 구성되어 있었다. 그러나 조작된 선거구와 제한된 투표권 때문에 시 의회는 늘 신교도가 다수를 점했다. 1968년 10월, 데리에서 벌어진 민권을 위한 가톨릭교도의 행진이 신교도 경찰력인 '왕립 얼스터 보안대The Royal Ulster Constabulary, RUC'의 개입으로 좌절되자, 본격적인 시위로 번져갔다. 조용하게 시작된 민권운동이 곧바로 폭력적 투쟁으로 변질된 것이다.

1969년 1월, 벨파스트에서 데리까지 민권을 위한 또 다른 행진이 있었는데, 목적지 인근에서 신교도의 공격과 불공정한 경찰의 개입으로 많은 부상자가 속출했다. 경찰이 중립을 지키지 못하고 점점 더 가혹한 폭력을 행사하자, 항의 시위와 폭력의 난무로 무법천지가 되었다. 마침내 1969년 8월, 보다 못한 영국 정부는 치안과 질서유지를 명분으로 데리와 벨파스트에 군대를 파견했다. 이들은 처음에 방화 및 폭력에 시달리던 데리와 벨파스트의 가톨릭 거주 지역에서, 신교도로부터 자기들을 지켜주고 보호해줄 사람들로 환영을 받았다. 하지만 이내 무장한 사람들을 색출하기 위해 가가호호家家戶戶 가택 수색을 일삼자, 이들은 신교도의 대변자로 낙인이 찍혀 가톨릭교도로부터 원한을 사게 되었다.

1972년 1월 30일, 데리 시민들은 또다시 평화적 시위를 벌이려 하였으나, 영국 정부가 이를 불법 집회로 간주하여 공수부대를 투입하고, 시위를 진압하는 과정에서 발포하여, 민간인 가톨릭교도 14명(부상자 중 죽은 사람 1명을 포함하여)이 사망하고 13명이 부상을 당함으로써 도시 전체가 피로 물드는, 이른바 '피의 일요일Bloody Sunday' 사건이 발생했다. 물론 영국군 희생자도 상당수에 달했다(이승호 92).

피의 일요일Bloody Sunday 사건

1960년대 중엽 미국에서 있었던 '흑인차별 철폐를 위한 비폭력적 시위운동', '프라하의 봄(Prague Spring: 1968년 체코슬로바키아에서 있었던 민주자유화운동)', '프랑스 파리 대학생 5월 혁명(1968년)' 등에 자극받아 북아일랜드에서도 민권운동이 한창이었다. 당시 정치·경제적으로 불리한 처지에 있던 북아일랜드의 소수파 가톨릭교도는 영국계 신교도 이주민보다 고용, 주택, 선거권 등에서 차별을 받게 되자, 직업과 주거의 차별, 불공정한 법규와 투표권 등을 개선하기 위해 1960년대부터 시위에 적극 나섰다. 따라서 긴장과 충돌이 고조되었으며, 급기야 질서와 치안을 명분으로 영국군이 개입했다.

1972년 1월 30일, 북아일랜드 런던데리에서 영국계 신교도와 동등한 권리를 요구하며 행진하던 비무장 가톨릭교도를 향해 영국 공수부대가 무차별 총격을 가함으로써 14명이 사망하고(사망자 중 7명이 10대 청소년이었음) 13명이 중상을 당하는 이른바 '피의 일요일' 사건이 발생했다. 당시 영국 정부는 시위대를 무장폭도라 칭하며, 무장폭도들의 선제 발포에 군이 응사하면서 우발적인 총격전이 벌어진 것이라고 사건을 조작하고 무마했다. 이후 '피의 일요일' 사건은 아일랜드공화군이 본격적으로 무장 투쟁에 나서는 계기가 되었다.

1998년 영국의 토니 블레어(Tony Blair) 총리는 '피의 일요일' 사건에 대한 철저한 재조사를 약속했고, 12년 뒤인 2010년 6월 15일 재조사 결과를 담은 '새빌 보고서(Saville Report)'가 나왔다. 이 보고서에 의하면 발포는 영국군이 먼저 했고, 발포 과정에서 아무런 사전 경고도 없었으며, 사망자 대부분은 달아나다가 혹은 부상자를 돕다가 총탄에 맞고 숨진 것으로 밝혀졌다. 이에 따라 데이비드 캐머런(David Cameron) 영국 총리는 영국군의 발포는 "정당화될 수 없는 일이고, 이 사건의 책임은 궁극적으로 영국 정부에 있다"며 공식으로 사과했다. 이는 사건 직후 "일부 시위대가 먼저 영국군에게 발포하여 응사한 것"이라고 발표했던 내용을 완전히 뒤집은 것이었다.

이 사건은 재조사에만 12년이 걸렸고, 비용으로 우리 돈 3천 6백억 원이 쓰였다. 그뿐만 아니라 사건이 일어난 지 38년 만에야 북아일랜드인의 가슴속에 깊은 상처로 남아있던 '피의 일요일' 사건의 진상이 만천하에 드러나게 된 것이다.

이후 2012년에도 영국 정부는 '피의 일요일' 사건을 살인 사건으로 간주하여 살인혐의에 대한 조사를 착수했고, 2015년 11월에는 민간인에게 발포한 66세 전직 군인 남성을 살인혐의로 체포했으며, 지금도 살인자들을 찾아 법의 심판대에 세우고 있다.

이 사건이 있은 후, 지금까지 잠잠했던 아일랜드공화군The Irish Republican Army, IRA
이 활동을 재개했다. 그들은 가톨릭 세력이 지원을 요청해옴에 따라 각자의 고향
에서 가톨릭교도를 보호할 유일한 세력임을 자처했다. 처음에 그들의 활동은 평화
유지라는 미미한 수준에 그쳤으나, 여기저기에서 전우들이 죽어가는 것을 목격하
면서 점차 과격해졌다. 후에 그들은 활동무대를 영국 본토로까지 넓혀 방화, 살인,
폭행, 구금, 구타, 테러 등을 일삼았기 때문에, 각계각층의 시민들과 정파의 사람들
로부터 비난을 받았다.

당시 정치적 테러 행위로 북아일랜드의 교도소에 수감된 공화파 죄수들은 정
치범으로 대우받기를 원했다. 하지만 이것이 거부되자 그들은 단식투쟁Hunger Strike
을 벌였다. 이 투쟁은 1981년 5월에 극에 달했다. 이때 보비 샌즈Bobby Sands 등 감옥
신세를 지던 아일랜드공화군 조직원 10명이 부당한 대우에 항의하며 단식 투쟁에
들어갔지만, 영국 정부는 10명이 아사餓死할 때까지 사실상 방치했다. 특히, 보비 샌
즈는 단식 중 사망했을 뿐 아니라, 죽기 직전에 퍼마나Fermanagh와 남부 티론South
Tyrone의 지역구 의회 의원으로 선출됨으로써 세계인의 이목을 집중시켰다. 그런데
도 이 투쟁은 영국의 대처Margaret Thatcher 행정부에 별로 영향을 주지 못하고 10여
명의 희생자만 낸 채, 1981년 10월 막을 내렸다.

한편, 이 시기에 가톨릭과 신교 양 진영에서 불법적 비밀군대가 활약하고 있
었는데, 가톨릭 편에서는 폭력적 수단을 이용하여 아일랜드의 통일을 이루려는 공
화파 군대(Republican Paramilitary Group)인 아일랜드공화군과 아일랜드 민족 해방군(The
Irish National Liberation Army, INLA)이, 그리고 신교 측에서는 연합파 군대(Loyalist Paramilitary
Group)인 얼스터 방위 연맹(The Ulster Defence Association, UDA)과 얼스터 의용군(The Ulster
Volunteer Force, UVF)이 활약하고 있었다.

해결책을 위한 탐색

1969년 이래로 북아일랜드 문제의 정치적 해결을 위한 많은 시도가 있었다. 1972

년부터 영국 정부는 가톨릭교도에게 동등한 권리를 주는 데 실패한 스토몬트 의회의 권능을 중지시키고, 웨스트민스터로부터 직접 통치를 시작했다. 1973년에는 영국 정부, 가톨릭 자치론자(Nationalist, 민족주의자, 공화주의자: 아일랜드의 통일을 원하는 사람들), 신교도 연합론자(Unionist, Loyalist, 통합론자: 북아일랜드가 영국의 일부로 남기를 원하는 사람들)들 사이에 이른바 '선잉데일 협약Sunningdale Agreement'이라고 알려진 협정이 있었다. 하지만 연합론자들은 이 협약이 얼스터의 가톨릭 소수파에게 너무 많은 권한을 준다고 해서 반대했다. 결국, 1974년 5월 얼스터 신교도 노동자들에 의한 총파업Protestant Ulster Workers' Strike이 일어나자 이 협약은 와해되었다.

1975년 북아일랜드 문제의 정치적 해결을 위한 또 다른 시도로 '헌법 의회 Constitutional Convention'가 구성되었다. 이는 영국 행정부에 조언하고, 자신들의 정치 개혁에 대한 의견을 피력하기 위해, 투표로 선출된 북아일랜드 출신의 대표들로 구성된 의회였다. 그러나 이 의회는 실권이 없었을 뿐 아니라, 의회 내의 가톨릭 자치론자와 신교도 연합론자 사이에 의견이 상충했기 때문에 결국 실패로 끝나고 말았다.

이후 5년 동안 어떤 새로운 정치적 시도도 이루어지지 않았다. 하지만 마침내 1980년 아일랜드 정부는 영국 정부와 물밑대화를 시작했다. 중도에 많은 문제가 없었던 것은 아니지만, 두 정부 간의 대화는 결국 1985년에 '앵글로-아이리시 협정 The Anglo-Irish Agreement'을 이끌어내는데 성공했다.

앵글로-아이리시 협정

1985년 11월 15일, 아일랜드 정부와 영국 정부는 북아일랜드 문제에 대한 새로운 정치적 협상안을 만들었다. '앵글로-아이리시 협정서'로 알려진 이 협상안은, 벨파스트 인근 힐즈보루 캐슬Hillsborough Castle에서 영국의 마가렛 대처 총리와 아일랜드의 가렛 핏츠제럴드Garret Fitzgerald 총리에 의해 서명되었다.

이 협정에 의하면, 아일랜드 공화국은 북아일랜드의 행정에 관해 목소리를 낼 수 있고, 아일랜드는 북아일랜드인의 다수가 동의할 때에만 통일을 이룰 수 있도록 했다. 또한, 두 정부는 남아일랜드와 북아일랜드의 경찰이 남북 경계 지역을 보다 안전하게 관리할 수 있도록 공동으로 노력할 것도 약속했다. 그리고 두 정부는 아일랜드공화군이 북아일랜드에서 테러를 자행한 후에 남아일랜드로 은신하는 것도 막기로 했다.

이 협정은 영국의 모든 정당, 그리고 미국과 같이 아일랜드 출신의 이민자가 많은 나라에서는 환영을 받았지만, 북아일랜드에서는 지지를 받지 못했다. 왜냐하면 '민주연합당The Democratic Unionist Party'의 지도자였던 이언 페이슬리Ian Paisley를 위시한 많은 신교 지도자들뿐 아니라, 아일랜드공화군과 밀접한 관련이 있는 신페인당의 당수 게리 애덤스Gerry Adams도 이 협상안을 거부했기 때문이다. 하지만 이는 극단의 경우이고, 다수의 온건 가톨릭교도와 신교도는 이 협상안을 일단 시행에 옮겨보기로 했다. 비록 이 협상안의 이행 과정에서 상호 불신과 어려움이 없었던 것은 아니지만, 두 정부는 해결책을 위해 인내심을 갖고 함께 노력했다.

성(聖) 금요일 협정

1990년대에 이르러 외적인 상황들이 북아일랜드의 문제에 긍정적 영향을 미쳐 평화의 기운이 감돌기 시작했다. 유럽연합 가입, 경제 발전, 남아일랜드에서 가톨릭 세력의 약화 등은 남과 북의 격차를 좁히는 데 일조했고, 아일랜드에 대한 미국의 관심은 이 문제에 국제적 성격을 더했다.

1993년 12월, 영국의 존 메이저John Major 총리와 아일랜드의 앨버트 레이놀즈 Albert Reynolds 총리에 의해 '다우닝가 평화선언The Downing Street Declaration'이 서명되었다. 이는 평화의 정착 과정에서 중요한 계기가 됐다. 왜냐하면, 이 선언은 영국이 북아일랜드에서 이기적, 전략적, 경제적 관심을 두지 않는다는 점과 헌법 개정에 관한 논의에서 다수 동의의 원칙을 따르기로 천명한 선언이었기 때문이다.

1994년 8월 31일, 신페인당의 지도자 게리 애덤스는 아일랜드공화군을 대표하여 휴전을 선언했고, 이어 1994년 10월 13일에는 연합파 군 사령부도 휴전을 선언했다. 이들은 잇따른 폭력에 염증을 느꼈고, 폭력이 더는 문제 해결에 도움이 되지 않는다는 점을 인식했기 때문이다. 이후 대부분의 영국 군대는 막사로 철수했고, 거리의 모든 바리케이드도 제거되었다. 곧이어 관련 당사자들이 자신들의 주장을 집요하게 고집했음에도 불구하고 일시적 평화가 찾아왔다.

미국의 클린턴Bill Clinton 대통령은 각 진영에서 논의 중인 문제에 대해 배후에서 막강한 영향력을 행사했다. 미국의 상원 의원 조지 미첼George Mitchell은 미래의 논의를 위한 6개 항의 기본 원칙을 천명하면서, 문제 해결을 적극 주도했다. 하지만 양 진영의 무장해제를 도모함으로써 평화를 되찾으려는 다자간의 노력은 1996년 2월 9일, 아일랜드공화군의 휴전 무효 선언과 함께 런던의 카나리 부두Canary Wharf에서 폭탄이 터져 2명이 죽고 다수가 부상을 당하는 사건이 발생하자 수포로 돌아가고 말았다.

1997년 5월, 영국에 노동당 정부가 들어서자 영국의 토니 블레어Tony Blair 총리와 아일랜드 공화국의 버티 어헌Bertie Ahern 총리에 의해 북아일랜드 문제의 평화적 해결을 위한 노력이 재개되었다.

북아일랜드의 문제에 돌파구를 연 것은 토니 블레어 영국 총리였다. 1997년 6월, 블레어는 취임(1997년 5월 1일) 후 첫 방문지로 북아일랜드의 주도土都 벨파스트를 찾았다. 그는 대중 앞에서 19세기에 영국인의 착취로 인해 200만 명의 아일랜드인이 굶어 죽거나 이민을 떠나야만 했던 대기근에 대해 사과했다.

1997년 7월 20일에는 아일랜드공화군이 휴전의 재개를 선언했고, 6주 뒤에는 신페인당이 평화협상에 동참하면서 새로운 협상이 진행되었다. 1997년 말 무렵 공화파 군대인 아일랜드 민족 해방군에 의해 연합파 군 지도자 빌리 라이트Billy Wright의 암살을 포함한 몇몇 폭력 사건이 발생하긴 했지만, 회담은 획기적인 진척이 있어, 마침내 1998년 4월 10일 북아일랜드 자치 정부 수립 등을 골자로 한 '성 금요일 협정(The Good Friday Agreement: 자치론자들은 이 협정을 'Friday Peace Accord'라 부르고, 연합론자들은 'Belfast Agreement'라 부름)'이 조인되었다.

이 협정에 의하면, 북아일랜드의 정치적 미래는 북아일랜드 사람 다수의 동의에 따르기로 했는데, 이에 대해 1998년 5월 22일 북아일랜드와 아일랜드 공화국 양측에서 동시에 국민투표가 시행되었다. 이 국민투표 결과에 따르면, 북아일랜드 투표자의 71%가 향후 국민투표로 다수가 동의할 경우 영국으로부터 독립할 수 있으며, 또한 위임된 민주주의를 받아들이기로 했다. 한편, 아일랜드 공화국 투표자의 94%는 아일랜드 공화국은 더 이상 아일랜드섬 전체의 영토에 관해 헌법적 권리를 주장하지 않기로 했다.

또한, 이 협정에 따라 108명의 의원과 12명의 직능단체 행정관으로 구성된 '북아일랜드 새 의회The New Northern Ireland Assembly'가 탄생했다. 이 의회는 웨스트민스터로부터의 직접 통치를 종식하고, 북아일랜드 문제를 전적으로 책임질 위임 정부의 기능을 맡게 되었다. 따라서 의회는 농업, 경제 발전, 교육, 환경, 재정, 인사, 의료 및 사회복지 등에 관해 입법 및 행정의 전권을 갖게 되었다. 다만 준準 군사적 포로의 석방, 보안 시설물의 제거, 왕립 얼스터 보안대의 감축 등과 같은 미래의 경찰 업무를 독립적으로 위임할 경우에 대비하여 중재 조건들을 규정했다.

불행하게도 평화협정이 있던 이 해는, '성 금요일 협정'을 반대하는 사람들에 의해 자행된 잇따른 폭력 행위들로 인해 항구적 평화로 가는 길이 요원해 보였다. 1998년 여름에는 '퍼레이드 위원회The Parades Commission'가 오렌지 당원들의 연중행사인 '행진(매년 7월 12일에 Drumcree 교회로부터 Garvaghy Road 끝까지 갔다가 Portadown으로 되돌아오는 행사)'을 금지하면서 폭동이 일어났고, 이어 7월 12일에는 연합파 군대 극렬분자가 가톨릭교도의 집에 화염병을 투척하여 3명의 어린아이가 불에 타죽는 사건이 발생했다. 8월 15일에는 '진정한 아일랜드공화군(RIRA: IRA 구성원 일부가 평화정착 과정과 신페인당의 정치적 지도력에 반대하는 '진정한[Real] IRA[RIRA]'를 1997년에 결성함. RIRA는 북아일랜드의 무장 독립투쟁을 이끈 IRA가 1997년에 정전을 선언하자, 영국으로부터의 독립 및 아일랜드와의 통일을 위해 무장 투쟁을 불사하겠다며 분리해 나온 강경 분파임)'이 오마Omagh에 650kg짜리 폭탄을 던져, 29명이 숨지고 200명이 다치는(전화 경보를 오인하여 왕립 얼스터 보안대가 사람들을 폭탄이 터지는 곳으로 잘못 파신시킨 결과임), 최근 30년 역사에서 가장 참혹한 사건이 발생했다. 이 사건 직후 게리 애덤스를 위시한 정치가들의 신속한 행동으로 연합과 군대의 보복을 막을 수 있었던 것이 그나마 다행이었다.

북아일랜드의 얼스터 대학 자료에 따르면, 영국과 아일랜드공화군 사이에 평화협정이 체결된 1998년까지, 지난 30여 년 동안 양측에서 충돌과 테러로 숨진 사망자는 3,700여 명에 달하는 것으로 밝혀졌다.

성 금요일 협정을 넘어서

'성 금요일 협정'을 이행하기 위한 노력이 계속 난관에 부딪히다가, 1999년 11월 얼스터 연합당The Ulster Unionist Party, UUP 당수 데이비드 트림블David Trimble과 신페인당 당수 게리 애덤스가 장장 300시간에 달하는 마라톤협상(트림블은 상이한 문화 전통을 서로 인정할 필요성을 역설했고, 애덤스는 IRA 해체의 필요성을 역설함)을 벌인 끝에, 마침내 합의에 도달했다. 드디어 1999년 11월 29일, 북아일랜드에 연립정부가 들어서고 런던으로부터의 직접 통치가 종식됨에 따라 아일랜드 역사에 새로운 장章을 열게 되었다. 그러나 2004년 말 북아일랜드에서 발생한 은행 탈취 사건Northern Bank Robbery은 평화정착의 노력에 먹구름을 드리우게 했다. 신교도는 이 사건이 아일랜드공화군의 정치 자금 마련을 위한 것이라면서 신페인당과의 대화를 거부했다. 그럼에도 불구하고 2005년 7월, 아일랜드공화군의 '무장해제 선언'은 북아일랜드의 문제에 새로운 희망이 되었다(이승호 95).

내전, 테러, 암살로 점철돼온 북아일랜드 역사에 드디어 평화의 씨앗이 뿌리 내리기 시작했다. 정치·종교적 견해차로 거의 한 세기 동안 대립해온 북아일랜드의 양대 정파 지도자가 2007년 3월 26일 처음으로 자리를 마주했다. 신교 정당 민주연합당The Democratic Party, DUP의 이언 페이슬리 당수와 가톨릭 정당 신페인당의 게리 애덤스 당수는 회담이 끝난 뒤에 분쟁 없는 새로운 시대를 약속했다.

종교와 독립문제로 오랫동안 갈등을 빚어오던 북아일랜드의 신·구교 세력이, 마침내 2007년 5월 8일 '공동자치정부'를 출범시키고, 피로 얼룩진 분쟁에 종지부를 찍었다. 또한, 40여 년 만에 영국군의 90%가 그해 여름 북아일랜드에서 철수했다. 이로써 30여 년간 무장 투쟁을 벌여온 아일랜드공화군이 2005년 7월에 무장해제를 선언한 지 2년여 만에, 평화를 위한 가시적 성과를 거두었다.

그러나 공동자치정부 출범 후에도 '진정한 아일랜드공화군RIRA' 등 북아일랜드의 완전한 독립을 주장하는 반체제 조직은 무장을 정비하며 반정부 테러 움직임을 보였다. 급기야 2009년 3월에는 북아일랜드의 경찰과 영국군이 '진정한 아일랜드공화군'으로 추정되는 단체로부터 피격을 받았으며, 2011년 5월에는 북아일랜드 제2의 도시 런던데리에서 폭탄 테러가 발생하는 등 긴장이 계속됐다.

하지만 2011년 5월 17일, 엘리자베스 2세Elizabeth II 영국 여왕이 1911년 조지 5세George V의 아일랜드 방문 이래 100년 만에, 그리고 1921년 아일랜드가 남과 북으로 분단된 이후 처음으로 아일랜드를 방문했다. 그녀는 더블린 크로크 파크 스타디움Croke Park Stadium을 방문하여, 1920년 영국군 특수 부대 '블랙 앤 탠즈The Black and Tans'가 게일 축구 시합 중이던 선수 1명과 관중 13명을 무차별 학살한 사건에 대해 사과했다. 또한, '아일랜드 독립추모공원(Garden of Remembrance: 1916년 부활절 봉기 때 숨진 이들을

아일랜드 독립추모공원

기리기 위해 1966년에 세워진 공원'을 방문하여 독립전쟁 중 사망한 아일랜드인에게 조의를 표함과 동시에, 상처받은 아일랜드인에게 온 마음을 담아 위로의 뜻을 전했다. 뿐만 아니라 이듬해인 2012년 6월 27일에는 북아일랜드를 방문하여 마틴 맥기네스 Martin McGuiness, 1950~2017 북아일랜드 제1부장관과 악수를 나누며, "과거에 미래가 저당 잡혀서는 안 된다"는 메시지로 화해 분위기를 조성했다.

이에 대한 답례로 2014년 4월 8일에는 마이클 히긴스 Michael D. Higgins, 1941~ 아일랜드 대통령이 아일랜드 정부 수반으로 영국을 첫 국빈 방문하여, 지난 750년 동안 쌓였던 앙금을 털고 역사적 화해의 손길을 내밀었다.

이날 런던 인근 윈저성에서는 마이클 히긴스 대통령을 위해 엘리자베스 2세 영국 여왕이 주최하는 만찬이 열렸다. 이 자리에는 마틴 맥기네스 북아일랜드 제1부장관도 있었다. 그는 1970년대 북아일랜드의 독립을 위해 영국에 맞서 무장 투쟁을 벌인 아일랜드공화군의 사령관을 지냈다. 엘리자베스 2세 여왕은 1979년 그녀의 사촌 마운트배튼경卿, Lord Louis Mountbatten을 아일랜드공화군의 테러에 의해 잃었다. 그러한 상처가 있는 여왕이 이날 맥기네스 앞에서 "과거에 미래가 저당 잡혀서는 안 된다"며 건배사를 했다. 맥기네스는 여왕에게 고개를 숙여 예를 갖췄다. 만찬장에는 아일랜드공화군 전사들이 즐겨 부르던 아일랜드 민요 <몰리 말론 Molly Malone>이 울려 퍼졌다. 영국이 아일랜드를 합병한 이후 200년간 지속된 양국의 대립을 종식시키는 역사적 장면이었다. 이러한 일련의 화해 제스처들은 나름대로 논란의 여지가 없었던 것은 아니지만, 양국 간에 우호와 신뢰를 쌓는 중요한 디딤돌이 되었다.

21세기 문턱에서 북아일랜드의 문제를 생각해볼 때, 그 누구도 북아일랜드의 모든 문제가 완전히 해결되었다고 감히 주장하지 못할 것이다. 그러나 이제까지 더 나은 방향으로의 변화가 있어온 것은 주지의 사실이다. 지금 북아일랜드에서는 모든 정치적·종교적 이해 집단들이 미래에 대해 낙관하며, 호혜와 상호공존의 정신으로 현재를 지혜롭게 살아가는 법을 배우려 노력하고 있다. 이제 북아일랜드에는 진정한 평화가 서서히 깃들고 있으며, 이 평화는 해를 거듭할수록 더욱 공고해질 것이다.

**엘리자베스 2세 영국 여왕이 아일랜드를 방문하여
더블린 캐슬(Dublin Castle)에서 행한 연설문 중 일부(2011년 5월 18일)**

경제적으로나 문화적으로 영국과 아일랜드는 서로 믿을 만한 친구였습니다. 그러나 두 나라가 항상 상냥한 이웃으로 지내온 것은 아닙니다. 일어나지 말았어야 할 일들이 너무나도 많이 일어났습니다. 이 슬픈 유산 때문에 두 나라 국민 모두가 크나큰 고통과 상실감에 시달려 왔습니다. 문제가 많았던 역사로 인해 상처받은 모든 이들에게 저의 온 마음을 담아 위로의 뜻을 전합니다. 앞으로 늘 사이좋은 이웃으로 지내길 바랍니다.

엘리자베스 2세 영국 여왕이 아일랜드를 방문하여 메리 매컬리스 아일랜드 대통령을 만나는 장면(2011년 5월)

엘리자베스 2세 영국 여왕이 마이클 히긴스 아일랜드 대통령을 영접하는 장면(2014년 4월)

아일랜드의 문학

게일 문학

아일랜드가 예술 분야에서 뛰어나다는 것은 세계적으로 정평이 나 있지만, 문학 분야는 특히 그러하다. 우리 남한보다 작은 이 나라에서 지금까지 노벨 문학상 수상자가 네 명이나 나왔다는 사실이 이를 뒷받침해준다. 윌리엄 버틀러 예이츠(1923년 수상)와 셰이머스 히니(1995년 수상)가 시 부문에서, 조지 버나드 쇼(1925년 수상)와 사무엘 베케트(1969년 수상)가 드라마 부문에서 노벨 문학상을 받았다. 이뿐만이 아니다. 대학 영문과에서 공부하는 작가 목록에서 아일랜드 출신의 작가들을 빼면 남는 작가가 아마 별로 없을 것이다.

아일랜드인은 영국인이 강요한 영어로 글을 썼다. 그러나 그들은 영어를 받아들인 여타의 민족과는 다른 방식으로 영어를 사용했다. 그들은 이민족의 언어인 영어에 선천적으로 타고난 말재간과 영혼을 담아 음악성이 넘치는 자기들 고유의 언어로 만들었다. 아일랜드가 세계적으로 유명한 작가와 이야기꾼들을 많이 배출한 것은 언어에 대한 사랑과 풍부한 구전口傳문학 덕택이다. 아일랜드 문학은 영국인이 그들의 모국어인 아일랜드어(게일어)를 몰아내기 훨씬 이전부터 번창했다. 그들

| 윌리엄 버틀러 예이츠 | 셰이머스 히니 | 조지 버나드 쇼 | 사무엘 베케트 |

의 문학은 서유럽에서 가장 오랜 역사를 자랑한다.

고대 그리스와 마찬가지로 아일랜드에도 기독교가 들어오기 이전부터 신화나 전설 등 풍부한 구전문학이 존재했다. 이들은 수 세기 동안 음유시인bard이나 드루이드들에 의해 입에서 입으로 전수되다가 7세기 무렵부터 수사修士들에 의해 아일랜드어로 기록되었는데, 많은 수가 오늘날까지 전해지고 있다. 20세기 초에는 그레고리 부인(1852~1932)이 이러한 작품들을 영어로 번역하여 싱이나 예이츠 등과 같은 당대의 많은 작가에게 영감을 주었으며, 국가의 자존심과 정체성을 되찾는 동기를 부여했다. 한때 예이츠가 아일랜드의 구전문학을 일컬어 "유럽에서 가장 풍부한 이야기의 보고寶庫"라고 말한 바 있듯이, 현존하는 다수의 문헌은 아일랜드의 게일 문학(Gaelic Literature: 초기 아일랜드 문학)이 얼마나 풍성했는지를 잘 보여주고 있다.

신화·전설·민담

오늘날 학자들은 게일 문학의 이야기 체계를 크게 '신화 사이클The Mythological Cycle, The Book of Invasions', 얼스터 사이클The Ulster(Ulaid) Cycle', '페니어 혹은 오시안 사이클The Fenian or Ossianic Cycle', '왕 혹은 역사 사이클The King or Historical Cycle'로 나눈다.

'신화 사이클'은 이들 네 개의 사이클 중 가장 오래된 것으로, 기독교가 들어오기 이전부터 살았던 이교異教 시대 아일랜드의 신들(Tuatha De Dannan: 다뉘[Danu] 여신의 부족들) 및 그들과 싸웠던 여섯 종족에 관한 이야기를 다룬다. 이들 중 최후의 세 종족은 오늘날에도 다양한 유형의 실체적 인물로 아일랜드에서 여전히 발견되고 있다.

'피르볼그족Firbolgs'은 아일랜드 최초의 인부들이었다. 그들은 그리스의 건설 현장에서 가방으로 흙을 나르는 일을 하다가 켈트족이 아일랜드섬에 들어오기 이전에 아일랜드로 이주한 일명 '가죽 가방을 들고 다니던 종족'으로 아일랜드에서 네 번째 왕조를 세웠으며, 보통 신장이 작고, 땅딸막하며, 검은 머리를 한 이베리아 켈트족이나 스페인 켈트족을 일컫는다.

'투아하 데 다난족Tuatha De Danann'은 '피르볼그족'을 대체한 종족으로 드루이드교를 창시했으며, 아일랜드의 황금시대를 연 신들 또는 반신半神들의 종족이다. 그들은 신비의 힘을 지녔고, 마술의 솥과 창을 가지고 다녔으며, 푸른 눈과 붉은 머리를 한 종족이었다. 오늘날까지도 아일랜드의 어부들은 노상에서 붉은 머리의 여인을 만나면 출항을 포기하고 집으로 돌아가는 전통이 있다.

마술을 가진 종족이었음에도 불구하고 '투아하 데 다난족'은 용감하고, 호전적이며, 호탕하고, 말재주와 손재주가 뛰어난 갈색 눈과 갈색 머리의 종족이었던 '밀레토스족Milesians', 즉 게일족Gaels에게 패했다. 이후로 '투아하 데 다난족'은 지하에서 살아야만 했으며, 단지 밤에만 밖으로 나오곤 했다. 오늘날에도 아일랜드 전역에는 철기시대 고분古墳들이 많이 있는데, 이들은 '투아하 데 다난족'으로 불렸던 마술 종족의 거처로 여겨지고 있다.

수사들이 이들의 이야기를 기록으로 남길 때, 자신들은 유일신 하나님을 섬겼으므로 이러한 신들의 이름을 이교 시대 영웅들로 바꾸었다. 대표적 인물들로는 신들의 우두머리인 '라그Lug', 바다의 신 '마난난Manannan', 그리고 그들의 가족들이다. 주된 이야기는 최초로 신들을 억압하다가 결국 신들에게 패한 '포모리안Formorian' 거인들과의 싸움에 관한 것이다. 이들은 이교 시대 믿음 체계의 갈등과 투쟁의 양상을 보여주고 있으며, 그리스의 '올림포스Olympians'와 '타이탄Titans'의 이야기와 유사한 면이 있다.

초기 아일랜드 이야기 중 가장 널리 알려진 것은 '얼스터 사이클'이다. 이는

메이브 여왕

쿠훌린과 부상당한 의형제 피어디어(Ferdia)

기원전 3세기와 1세기 사이에 만들어진 이야기를 8~12세기에 기록한 것으로, 얼스터에서 추방당한 퍼거스Fergus왕, 거만하고 교활한 메이브 여왕Queen Maeve 등과 같은 유명 인물들이 포함된다. 이들 중 가장 유명한 이야기는 세탄타Setanta라는 이름의 소년으로 인생을 시작한 얼스터의 전사戰士 쿠훌린Cuchulainn에 관한 이야기이다. 그는 다섯 살 때 이미 놀라운 영웅적 행위를 선보였으며, 이로 인해 수백 명의 나체 여인들로부터 유혹을 받기도 했다. 여섯 살 때는 쿨란Culann the Smith 사냥개를 죽인 연유로 7년 동안 집 지킴이 개의 역할을 해야만 했으며, 이로 인해 그의 이름도 '쿨란 사냥개'를 뜻하는 쿠훌린(Cu Chulainn: 영어 스펠링은 Cuchulain으로 'Culann 사냥개' 라는 뜻)이 되었다.

또한 '얼스터 사이클'에는 북아일랜드에서 가장 힘센 부족인 '우레이드(Ulaid: Ulster라는 명칭은 이로부터 유래함)' 부족과 아일랜드의 서쪽에서 가장 힘센 부족인 '코나흐타Connachta' 부족 간에 벌어지는 갈등과 싸움을 다룬 이야기들도 포함된다. 여기에는 대략 50여 개의 이야기가 전해지고 있는데, 이 중에서 가장 유명한 무용담saga은 <쿨리의 황소 습격(Tain Bo Cuailnge: 영어로는 Cattle Raid of Cooley)>으로, 이는 '우레이드'의 위대한 전사戰士 '쿠훌란'과 '코노트Connacht'의 '메이브(Medb: 영어 스펠링은 Maeve로 '도취'라는 뜻)' 여왕이 황소를 놓고 벌이는 싸움에 관한 이야기이다. 이 작품은 앵글로-색슨족의 민족 서사시national epic 『베오울프Beowulf』와 견줄 만하며, 신화적 인물 '쿠홀란'은 사무엘 베케트의 작품에서부터 프랭크 맥콧Frank McCourt의 작품에 이르기까지 빈번히 등장하고 있음은 물론, 아일랜드와 스코틀랜드에서는 지금도 여전히 구전으로 전해지고 있다.

마지막으로 싱과 예이츠가 극화한 비련悲戀의 여주인공 데어드라Deirdre도 이 사이클에 속한다. 얼스터의 왕 콘코바Conchobar는 데어드라를 아내로 삼을 작정이었는데, 그녀는 왕의 조카인 나오시Naoise와 결혼했다. 후에 왕이 나오시와 그의 형제들을 모살謀殺하자 그녀는 자살했다. 이 때문에 콘코바의 신하들 간에 불화가 생겼으며, 오래전부터 전해지는 예언대로 얼스터는 멸망의 길을 걷게 되었다.

'페니어 사이클'은 기독교 이전의 신화에 바탕을 두고 있다. 이는 20세기까지 아일랜드와 스코틀랜드의 민담民譚 중 가장 뛰어나고 인기가 있었던 이야기로, 주로 신화적 영웅 '페니어 맥 쿰헤일(Fionn mac Cumhaill: 영어로는 Finn McCool)'과 그의 아들 '어쉰(Oisin: 이로부터 Ossian이 유래함)', 조카 '퀼체Caoilte', 애견愛犬 '브란Bran', 그리고 그의 군대 '피어나Fianna'와 병사들에 관한 이야기이다. '피어나' 군대에서 종국에 살아남은 유일한 생존자는 '어쉰'과 '퀼체'뿐이지만, 병사들 모두는 대범한 무법자들이고, 야외에서 유목 생활을 즐긴다. 그리고 '어쉰'은 노년에 성聖 패트릭을 만나는데, 이 만남은 예이츠의 극시 「어쉰의 방랑The Wanderings of Oisin」에서 아름답게 묘사되고 있다.

이들 이야기에는 마술, 로망스, 자연 세계의 아름다움 등이 한껏 배어 나오며, 초기 이야기의 근원지는 먼스터와 렌스터로 알려져 있는데, 이들 중 가장 유명한 것은 '페니어 맥 쿰헤일'의 노년에 있었던 사랑 이야기이다. 그는 당시 타라 언덕(The Hill of Tara: 켈트시대 아일랜드의 왕과 족장들이 생활했던 행정의 중심지)에서 통치하던 '코맥 맥 아트Cormac Mac Art왕'의 딸 '그레인Grainne'과 사랑에 빠졌는데, 그녀는 '피어나의 젊은 병사이자 '페니어 맥 쿰헤일'의 조카인 '디어무드Diarmuid'와 도주했다. 그는 마침내 디어무드에게 복수를 하고 그녀와 다시 결합한다는 이야기로, 이는 오늘날에도 아일랜드 전역에 생생하게 살아 있는 이야기이다.

마지막 사이클인 '왕 혹은 역사 사이클'은 기원전 3세기부터 1014년 클론타프

Clontarf에서 바이킹을 물리친 브라이언 보루Brian Boru왕의 이야기까지 이어진다. 이 사이클에 속한 이야기들은 아일랜드의 역사, 신화, 전설 등에 등장하는 실제 인물들과 사건들을 다루고 있으며, 기독교적 색채가 농후하다. 전문적 이야기꾼들이나 시인들은 이러한 이야기들을 암송하고 다니다가 공공행사 때에 낭송하곤 했으며, 9세기와 12세기 사이에 문자화된 것으로 알려지고 있다.

이들 4개의 사이클 외에도 기독교 이전의 세계에 존재했던 '저 세상(Tir-na-nOg: 발음은 '취어 나 녹', 게일어로 이상세계를 의미함)'으로의 항해와 '저 세상'에서의 모험을 다룬 이야기들도 있다. 우리는 이러한 이야기들을 통해, 초기 아일랜드인의 삶의 모습, 신화와 민담 체계, 그들이 느꼈던 감정의 폭과 깊이, 우아한 표현과 절제미, 그리고 자연 세계에 대한 생생하고도 화려한 묘사 등을 엿볼 수 있다. 이들은 또한 오늘날 세계 곳곳에 있는 예술가들에게 영감의 원천을 제공하고 있을 뿐만 아니라 그들 작품의 소재가 되고 있다.

요정 이야기

요정 쉬(sidhe)의 모습

보이는 세계와 보이지 않는 세계는 함께 존재한다. 비가시적 세계에 관한 탐구는 오랜 역사와 전통을 갖고 있다. 요정에 대한 켈트인의 유별난 관심은 기독교를 받아들이기 이전부터 그들이 믿고 감지하던 영적 실체를 물리적 실체로 표현하고자 했던 시도라 할 수 있다(서혜숙 5-6).

요정fairies은 아일랜드어로 '쉬sidhe'라고 하는데, 이는 어원상 '지하地下'를 지칭하는 말이다. '투아하 데 다난족'은 밀레토스족, 즉 게일족에게 패한 이후 인간의 눈에 띄지 않는 땅속에서 '쉬'로 변해 영원한 젊음의 나라 '취어 나 녹Tir-na-nOg'에서 살았다.

이러한 아일랜드의 요정들은 사교적社交的 부류Trooping Fairies와 외톨이 부류Solitary Fairies로 나눌 수 있는데, 체인지링(Changeling: 바꿔쳐진 아이 요정)이나 메로우(Moruadh, Merrow, Mermaid, 인어) 같은 사교적 부류는 밝고 친절하며, 밴쉬Bean-sidhe, Banshee, 레프러콘 Leprechaun, 푸카Pooka, 둘라한Dullaghan, 랜아윈 쉬Leanaun-Shee 같은 외톨이 부류는 어둡고 냉혹한 것이 특징이다(서혜숙 17).

요정들은 인간을 탐내서 그들의 세계로 유혹하는 특성이 있는데, 예쁜 아이를 납치하고 못생긴 아이를 두고 가는 경우, 이 바꿔치기를 당한 아이를 '체인지링'이라고 한다. 인간의 아이 대신 인간 세상에 남겨진 요정 아이는 대체로 피부가 쭈글쭈글하고, 성질이 고약하며, 빽빽 울거나 고함을 쳐서 가족을 괴롭히고, 집안에서 귀여움을 받는 다른 아이들에게 강한 질투심을 느낀다(서혜숙 32-33).

인어人魚는 붉은 모자를 쓰고 바다 밑에서 살며, 인간보다 평평한 발과 손가락 사이에 얇은 물갈퀴를 지닌 특징이 있다. 어떤 이들은 인어가 원래부터 바다에 사는 족속이 아니라 인간이었다고 주장하기도 한다. 아일랜드의 몇몇 집안에서는 인어를 자신들의 조상으로 생각하기도 하지만, 어부들에게는 죽음의 사신으로 여겨진다(서혜숙 41-45).

'밴쉬Banshee'는 수 세기 동안 아일랜드의 민간전승으로 전해지는 요정이다. '밴쉬'의 'ban'은 여자라는 의미이고, 'shee'는 요정을 뜻하므로, '밴쉬'는 여자 요정을 지칭한다. '밴쉬'는 젊은 여인, 당당한 부인, 늙은 노파, 토끼, 까마귀 등의 다양한 모습으로 나타난다. 여성의 혼이라고 할 수 있는 '밴쉬'의 섬뜩한 울부짖음 소리는 이 소리를 듣는 사람의 가족이나 친구의 죽음을 예고한다. '밴쉬'에 대한 믿음과 전통은 오늘날까지도 국내는 물론 해외의 아이리시들에게도 널리

요정 밴쉬

퍼져있다.

'구두 수선공'이란 의미를 지닌 아일랜드어 '레브러건leath bhrogan, shoemaker'에서 유래한 레프러콘은 아일랜드의 요정 중 가장 널리 알려진 요정이다. 이 요정은 얼굴이 쭈글쭈글한 늙은 난장이로, 요정을 위해 구두를 만들고 수선하는 신발가게를 운영한다. 요정들은 춤을 추거나 노는 것을 좋아해서 신발 밑창이 빨리 닳는데, 그때에는 모두 레프러콘을 찾아와서 신발 밑창을 고쳐간다고 한다. 레프러콘은 붉은색 삼각 모자를 쓰고, 각 열에 7개의 단추가 달린 붉은 코트를 입으며, 뾰족한 코에 안경을 걸쳐 쓰는 장인풍의 작은 노인으로 일반적으로 술에 취해서 산다. 또한, 레프러콘은 데인족Danes이 약탈한 보물을 지키거나, 그것을 도기나 항아리에 담아 보관하는 일을 한다. 레프러콘은 보물이 있는 곳들에 대해서도 잘 알고 있지만, 인간들 가운데 그것을 알아낸 사람은 없다. 레프러콘을 붙잡았다는 이야기도 있는데, 손바닥에 올려놓고 걷고 있는 사이에 연기처럼 사라져버렸다고 한다. 오늘날에도 아일랜드의 시골에서는 요정들이 쉴 수 있도록 집 앞에 작은 '요정의 집'을 만들어주거나, 도로상에는 요정들이 건너갈 수 있도록 '요정의 길'을 내주기도 한다.

아일랜드에서 푸카보다 더 무서운 요정은 없다. 푸카는 긴 뿔, 멋지게 늘어진 갈기, 분노로 이글거리는 눈을 가진 검은색 말로, 술에 취한 사람을 등에 태우고 밤새도록 달리는데, 무척이나 빠른 속도로 달리기 때문에 필사적으로 매달려 있지 않으면 떨어지고 만다. 또한, 푸카가 사는 집에서 잠을 자면 엄청난 악몽에 시달린다고 한다. 특히 푸카는 술에 취한 사람을 그의 꿈속에서 놀리는 것을 좋아하는 속성이 있다.

둘라한은 '어두운 남자dark man'를 뜻하는 아일랜드어 '둘라한Dulachán'이나 '머리가 없는 자the headless one'를 뜻하는 아일랜드어 '간 칸Gan Ceann'에서 유래한 요정이다. 둘라한은 머리가 없는 기수騎手의 모습을 하고 있으며, 보통 자신의 머리를 옆구리에 낀 채 검은 말을 타고 다닌다. 또한, 작은 검은색 눈은 벌레가 날아다니는 것처럼 잘잘 굴러다니고, 입은 무섭고 비릿한 웃음을 머금은 소름끼치는 형상이다.

둘라한이 가는 길을 막을 방법은 없다. 둘라한이 접근하면 모든 자물쇠와 문이 저절로 열린다. 또한, 둘라한은 승마를 멈춰 설 때가 있는데, 이때 그가 멈춘 곳의 누군가는 반드시 죽는다. 둘라한은 이동 중에 누가 자신을 쳐다보는 것을 좋아하지 않으며, 만약 감히 그런 자가 있다면 그 사람에게 반드시 피 한 사발을 끼얹는다. 혹설에 따르면 이 피는 그 사람이 다음에 죽을 사람이라는 것을 알려주는 표식이라고 한다.

'랜아윈 쉬Leanan Sidhe, fairy sweet or fairy mistress'는 남자 인간을 애인으로 간택하여 그의 뮤즈muse가 되는 아름다운 요정이다. 이 요정은 짝짓기를 좋아하는데, 이 요정의 청을 거절하면 요정이 남자의 노예가 되고, 청을 받아주면 남자가 요정의 노예가 되어 상사병을 앓게 된다고 한다.

앵글로-아이리시 문학

아일랜드에서는 13세기까지 아일랜드어(게일어), 라틴어, 노르만-프랑스어, 영어 등이 공용으로 쓰였다. 노르만들과 영국에서 건너온 정착민들은 아일랜드의 토착 문화와 생활방식에 쉽게 동화되었으며, 아일랜드어를 사용했다. 이를 지켜보던 영국 정부는 마침내 이러한 추세를 뒤엎고 문화 분리 정책을 펴기 위해 '킬케니 성문법'을 제정했다. 이러한 조치는 이후 더욱 악랄해졌다.

영국 정부의 토지 몰수와 잇따른 식민정책, 1601년 '킨세일 전투'에서의 패배, 1607년 '백작들의 도주', 1169년 노르만 정복, 1690년 오렌지공 윌리엄의 승리, 1695년부터 시행된 '형법' 등으로 인해 아일랜드어 및 게일 문학과 문화는 설 땅을 완전히 잃고 말았다. 이후로는 영국계 신교도 지배계층이 주도 세력으로 부상했으며, 영어가 사회의 각 부문에서 가장 많이 쓰이는 언어가 되었다. 따라서 문학 활동도 이러한 신교도 특권층이 주도했다. 게일 문학이 이처럼 쇠퇴하자 앵글로-아이리시 문학이 마치 피정복민의 상처에 소금을 문지르기라도 하듯 번성하기 시작했다.

소인국에 있는 걸리버

　풍자문학가로 알려진 조나단 스위프트Jonathan Swift, 1667~1745는 산문 분야에서 특출 난 재질을 보여준 작가이다. 그는 영국인 부모에 의해 더블린에서 태어나 트리니티대학을 다녔으며, 영국과 아일랜드를 오가며 작품 활동을 했다. 그는 영국의 식민정책으로 인해 착취당하는 비참한 아일랜드인의 현실을 목격하고, 일련의 글을 통해 이를 고발하고자 했다. 특히 그는 빗나간 식민정책 입안자들의 종교적 독선과 오만을 신랄한 풍자를 통해 꼬집었다. 그는 아일랜드를 위해 투쟁함으로써 애국자로 추앙받기는 했지만, 앵글로-아이리시로서 늘 정체성의 혼란을 겪었다. 따라서 스위프트는 영국과 아일랜드 사이에서 그리고 희망과 절망 사이에서 분열된 자신의 삶처럼, 작품에서도 서로 통합되지 않는 다중의 의미를 통해 총체성wholeness을 추구하고자 했던 작가이다(영미문학의 길잡이 1, 194).

　그의 대표작 『걸리버 여행기Gulliver's Travels, 1726』는 모험담으로서의 설화적 매력과 신랄한 인간비평 때문에 영문학사뿐 아니라 아동문학에서도 하나의 걸작으로 평가된다. 스위프트는 이 작품에서 당대의 인물과 사건들을 소재로 환상적 이야기를 창조함으로써, 시대와 장소를 초월하여 인간성에 깊은 비평을 가하고, 궁극적으로는 인간성의 선과 악의 면면을 탐구하여 독자들에게 보여주고자 했다.

앵글로-아이리시 문학은 극문학이 특히 강한데, 이는 상류층의 오락물로 널리 이용되었기 때문이다. 극작가들은 극의 소재는 주로 아일랜드에서 찾았지만, 관객들은 대부분 런던에서 구했다. 실로 1700년대에 아일랜드는 엄청난 수의 극작가를 배출했다.

이 시대의 대표적 극작가로는 윌리엄 콩그리브William Congreve, 1670~1729, 조지 파커George Farquhar, 1677~1707, 올리버 골드스미스Oliver Goldsmith, 1728~1774, 리차드 쉐리단Richard Brinsley Sheridan, 1751~1816 등이 있다. 이들은 당대에 유행했던 '감상 희극(Sentimental Comedy: 눈물을 자아내고 감정에 빠지게 하는 희극)'의 경향에 등을 돌리고, 진정한 '풍습 희극(Comedy of Manners: 세태를 풍자하는 희극)'의 확립을 위해 노력했다.

18세기 소설가로는 로렌스 스턴Laurence Sterne, 1713~1768과 여류 소설가 마리아 엣지워스Maria Edgeworth, 1767~1849가 있다.

스턴은 이제 막 틀이 잡혀 간신히 전통을 형성해 가는 소설 형식을 철저히 파괴한 실험적 작가이다. 그의 작품 『트리스트람 셴디Tristram Shandy』에는 플롯다운 플롯도 없고, 주인공도 확실치 않으며, 작가의 의도도 전혀 짐작할 수가 없다. 또한, 탈선만이 있을 뿐 그 어떤 질서도 존재하지 않는다. 그는 소위 '의식의 흐름Stream of Consciousness'과 '생각의 연상Association of Ideas'에만 관심을 기울였다. 그와 그의 소설은 너무나도 기이하여 19세기 동안에는 아무런 영향도 미치지 못하다가, 20세기에 들어서야 진가가 발휘되어 큰 영향을 미치기 시작했다. 그는 버지니아 울프Virginia Woolf, 마르셀 프루스트Marcel Proust, 제임스 조이스 등과 같은 모더니스트Modernist 작가들이 즐겨 사용하는 수법을 이미 200년 전에 실험했다.

엣지워스는 문필에 종사하던 사람의 딸로 태어나 18세기 말부터 1834년까지 수많은 작품을 씀으로써 확고한 명성을 얻은 여류작가이다. 그중에 아일랜드 지주의 생활과 파멸의 과정을 다룬 삼부작 『랙크렌트 성*Castle Rackrent, 1800*』, 『부재 지주 *The Abentee, 1812*』, 『오르몬드*Ormond, 1817*』 등은 걸작으로 평가되고 있다. 특히, 『랙크렌트 성』은 영어로 쓰인 최초의 '지역 소설(Regional Novel: 시골의 실제 풍경과 사람을 다루는 소설)'로서 역사 소설가 월터 스코트*Sir Walter Scott*에게 영감을 준 것으로 평가되고 있다.

19세기에 들어 많은 수의 아일랜드 출신 극작가들이 영국으로 자리를 옮겼으며, 영국인은 와일드와 버나드 쇼에게 1890년대 영국 연극을 대표하는 극작가라는 자랑스러운 이름을 부여했다. 그들이 영국 문학 전통의 새로운 지평을 여는데 중대한 공헌을 했기 때문이다.

오스카 와일드 동상

오스카 와일드(1854~1900)는 더블린 출생의 극작가, 소설가, 시인으로 19세기 말 유미주의唯美主義를 대표하는 작가였다. 젊었을 때는 뛰어난 재기才氣, 특이한 복장, 화려한 행동 등으로 세간의 주목을 받았으며, 수많은 관객을 모으는 데에도 성공했다. 또한, 그는 좌담과 강연에도 능했으며, 사교계의 화려한 존재였다.

그는 독특한 풍자와 기지에 찬 대사를 구사하면서, 유형적類型的 인물들을 등장시켜 당대 상류층의 허영과 무지, 그리고 권태를 통렬히 비꼬는 이른바 '기지機智 희극Comedy of Wit'을 씀으로써 유명세를 탔다. 따라서 그의 역설적이고 경구警句로 가득 찬 대사는 당대의 지식층은 물론 오늘날의 독자들에게도 여전히 즐거움을 주고 있다.

대표작으로는 『윈더미어 부인의 부채*Lady Windermere's Fan, 1892*』, 『중요하지 않은 여자*A Woman of No Importance, 1893*』, 『이상적인 남편*An Ideal Husband, 1895*』, 『진지함의 중요성*The Importance of Being Earnest, 1895*』, 『살로메*Salome, 1893*』 등이 있다.

오스카 와일드Oscar Wilde 어록語錄

"Life is not complex. We are complex.
Life is simple and the simple thing is the right thing."
"인생은 원래 복잡하지 않다. 우리가 복잡한 것이다.
인생은 단순한 것이고, 단순한 것이야말로 좋은 것이다."

"Men always want to be a woman's first love –
Women like to be a man's last romance."
"남자들은 언제나 한 여자의 첫사랑이기를 원하고,
여자들은 한 남자의 마지막 로맨스이기를 원한다."

"The world is a stage, but the play is badly cast."
"세상은 무대인데, 연극의 배역이 잘못 정해졌다."

"We are all in the gutter, but some of us are looking at the stars."
"우리는 모두 시궁창에 빠져있지만, 그중에 몇몇은 별을 바라보고 있다."

"One should always be in love.
That is the reason one should never marry."
"사람은 항상 사랑해야 한다.
그것이 바로 결혼을 해서는 안 되는 이유이다."

기독교 사회에서의 자유 사상가, 자본주의 체제에 대항하는 사회주의자, 1890년대 감상극 일변도의 영국 극단에서 입센풍의 사실주의 문제 극작가, 그리고 여권 신장을 주창한 남성 페미니스트 작가였던 조지 버나드 쇼(1856~1950)는 1856년 7월 26일 더블린에서 태어났다. 칼 마르크스Karl Marx의 영향을 받은 그는 늘 당대의

사회 문제에 관심을 가졌고, 문제 해결을 위한 대책을 제시하는 데도 결코 인색하지 않았다. 그는 사실주의 연극, 특히 노르웨이 극작가 입센Henrik Ibsen, 1828~1906의 작품들을 옹호했으며, 당대의 진부한 상업극을 비난했다. 그는 사회와 정치 개혁에 관한 자신의 견해와 사상을 전달하기 위해 극 작품을 썼다. 사회개혁 사상을 보급하는 데는 웃음을 수단으로 하는 것이 보다 유리하다고 여겨, 그는 이른바 '사상희극思想喜劇, Comedy of Idea'이라는 새로운 극 분야를 개척했다.

즉, 쇼는 의혹과 불안, 풍요와 낙관이 공존하던 시기에 기존의 사상을 새로운 과학적 사고와 사회주의 이론과 결합시켜 자신만의 독특한 사상 체계를 정립했다. 그는 쇼펜하우어로부터는 의지와 표상을, 베르그송에게서는 창조적 생명력을, 다윈과 버틀러에게서는 생물학적 진화론을, 마르크스에게서는 유물론에 입각한 사회주의 경제 이론을, 니체에게서는 초인사상을 흡수했으며, 프로이트의 심리학과 헤겔의 변증법도 자신의 사고 체계 속으로 끌어들여 창조적 진화 사상을 정립했다(아일랜드 드라마연구회 226). 또한, 기존의 극 형식을 타파하고 도입부, 상황 설정, 토론이라는 세 단계로 극작술劇作術을 구사했다. 대표작으로는 『인간과 초인Man and Superman, 1903』, 『바바라 소령Major Barbara, 1905』, 『세인트 존Saint Joan, 1923』 등이 있다.

에이브럼 브램 스토커Abraham Bram Stoker, 1847~1912는 소설가, 공무원, 무보수 희곡 평론가, 편집자로 일하다가 우상으로 흠모하던 배우 헨리 어빙Henry Irving, 1838~1905 경卿과 친분을 맺어 1878년부터 27년 후 어빙이 죽을 때까지 그의 비서 노릇을 했다. 대표작으로는 유명한 고딕소설의 고전 『드라큘라Dracula, 1897: 'bad blood'를 뜻하는 아일랜드어 'droch fhola'에서 유래함)』가 있다.

20세기의 작가들

1898년 예이츠는 그레고리 부인과 함께 더블린에 '애비 극장(Abbey Theatre: 세계 최초의 국립극장)'을 세웠다. 1904년에 처음으로 문을 연 이 극장은 '아일랜드 문예부흥운동'의 본거지 역할을 했다. 예이츠, 그레고리 부인, 존 밀링턴 싱, 숀 오케이시Sean

O'Casey 등이 쓴 수많은 국민극들이 이 극장에서 공연되었다.

애비 극장이 발굴한 가장 위대한 극작가는 싱(1871~1909)이다. 그는 불과 38세의 젊은 나이로 요절했지만, 그의 작품은 아일랜드 문학사에서뿐만 아니라 세계문학사에서도 길이 빛나고 있다. 싱은 예이츠와 마찬가지로 당시 유럽 연극계에 풍미하던 코스모폴리타니즘Cosmopolitanism과 사실주의Realism 연극을 통한 사회 고발과 교훈을 주려는 경향에 과감히 등을 돌리고, 문명의 때가 묻지 않은 인간과 그들의 원초적 삶에 초점을 맞추어 자유로운 환상과 서정을 추구한 작품을 썼다.

싱 이전에도 훌륭한 아일랜드 작가들은 있었지만, 그들 모두는 아일랜드를 벗어남으로써 진가를 발휘했다. 그러나 싱은 아일랜드로부터 영감을 직접 받은 작가였다. 싱은 아일랜드의 서쪽 해안에 있는 '아란섬Aran Islands'을 방문하여 원주민들과 함께 생활하면서, 그들의 순박하고 신비에 찬 생활을 관찰하고, 그들이 사용하는 방언을 수집하여, 이것을 바탕으로 주옥같은 작품들을 발표했다. 대표작으로는 『계곡의 그늘In the Shadow of the Glen, 1903』, 『바다로 간 기사Riders to the Sea, 1904』, 『서방 세계에서 온 바람둥이The Playboy of the Western World, 1907』 등이 있다.

오케이시는 예이츠, 싱과 더불어 아일랜드를 대표하는 작가로 손꼽힐 뿐 아니라 20세기 현대 연극사에서도 매우 중요한 천재 극작가이다. 싱이 아일랜드의 농촌과 어촌을 작품에 담았다면 오케이시는 아일랜드의 도시, 특히 더블린 빈민가의 사람들과 그들의 삶을 극의 소재로 삼았다. 그는 인생의 전반 40여 년을 빈민촌 주민과 막노동꾼들 사이에서 보냈기 때문에 그가 직접 경험한 인물들을 무대에 올렸다. 대표작으로는 『암살자의 그림자The Shadow of a Gunman, 1923』, 『쥬노와 공작Juno and the Paycock, 1924』, 『쟁기와 별The Plough and the Stars, 1926』 등이 있다.

세 명의 대가(大家)들

엘리엇T. S. Eliot이 1940년 예이츠 서거逝去 1주기 추모 강연에서 "현대에서 영어로 쓴 최고의 시인"이라고 극찬한 예이츠는, 1865년 6월 13일 더블린 근교에 있는 샌

디마운트Sandymount에서 5남매 중 장남으로 태어났다. 기독교 집안에서 태어났으나 평생을 사적 종교private religion의 사유 체계에 탐닉했던 예이츠는 아일랜드와 영국을 오가면서 성장했다.

　그는 유년 시절의 대부분을 그의 '마음의 고향' 슬라이고Sligo에서 보냈다. 지금도 해마다 '예이츠 여름학교Yeats Summer School'가 열리고, '예이츠 기념관Yeats Memorial Building'과 예이츠 묘지가 있는 작은 어항漁港 슬라이고는 아일랜드의 과거 문화유적들이 산과 강, 바다와 호수 등과 함께 어우러져 늘 아름다운 자태를 드러내고 있는 아주 낭만적인 항구 도시이다.

　예이츠는 자기 어머니가 이 세상에서 가장 아름다운 곳으로 생각한 이곳 슬라이고에서, 가까운 친척들과 이웃 사람들로부터 귀신과 요정에 관한 이야기와 신화 및 전설 등을 들으면서 성장했다. 따라서 그는 자연스럽게 조상의 과거와 아일랜드의 역사 및 문화유산에 접하게 되었고, 이것이 곧바로 그의 상상력의 원천과 시의 배경이 되었다. 예이츠가 나중에 "참으로 내 인생에 깊은 영향을 미친 곳은 슬라이고이다"라고 술회하고 있듯이, 그의 많은 시에는 「이니스프리 호수 섬The Lake Isle of Innisfree」을 비롯하여 「불밴 산기슭에서Under Ben Bulben」에 이르기까지, 슬라이고 지방의 호수와 산과 풍물에 대한 추억과 향수가 짙게 배어 있다. 참으로 슬라이고는 그의 시 창작에 원초적 영향을 미친 곳이다.

예이츠와 모드 곤

또한, 예이츠의 삶에는 수많은 여성이 등장하여 그의 삶뿐만 아니라 작품 세계에도 크나큰 영향을 미쳤다. 예이츠에게 여성은 늘 시의 중요한 모티프motif이자 영감의 원천이었다. 예이츠는 수많은 여성과 때로는 친구로, 때로는 연인으로, 그리고 때로는 협력자로 지내면서 시 창작의 폭과 깊이를 더해갔다. 이들 중에 근 30여 년 동안 예이츠와 회한悔恨의 사랑을 나누고, 수많은 연애시를 탄생하게 만든 모드 곤Maud Gonne, 1866~1953이라는 여인이 있다. 실로 모드 곤이 그의 삶과 문학에 미친 영향은 지대하며, 그녀의 이미지 또한 예이츠의 시에서 다양한 모습으로 등장하고 있다. "당신은 나와 결혼하면 아름다운 시를 쓸 수 없을 거예요"라는 모드 곤의 충고대로 그가 끝내 그녀와 결혼은 못 했지만, 모드 곤은 늘 그에게 뮤즈Muse로 살며시 다가와 그의 사색과 시 세계에 폭과 깊이를 더해주었다.

김소월 시인이 「진달래꽃」을 쓸 때 영향을 받은 예이츠의 시

He Wishes for the Cloths of Heaven

Had I the heavens' embroidered cloths,
Enwrought with golden and silver light,
The blue and the dim and the dark cloths
Of night and light and half-light,
I would spread the cloths under your feet:
But I, being poor, have only my dreams;
I have spread my dreams under your feet;
Tread softly because you tread on my dreams.

그는 하늘나라의 천을 원한다

금빛 은빛으로 아로새겨진
하늘나라의 수놓은 천이 있다면,
밤과 낮과 어스름의
푸르고 희미하고 어두운 천이 있다면
그대 발아래 깔아드릴 텐데.
하지만 나 가난하여 꿈밖에 없어
꿈을 깔아드리오니
사뿐히 밟으소서 내 꿈이오니.

───

예이츠의 시는 후기에 이르러 주지적 경향과 철학적 깊이를 더해가면서 보다 원숙해졌다. 예이츠의 후기 시 중에 문학사의 고전이 될 만한 훌륭한 시편이 많은 까닭은, 그가 초기의 낭만적인 자세에서 벗어나 인간과 사회와 역사를 보는 철학이 견실해졌기 때문이다. 예이츠는 자신의 경험을 시의 소재로 삼는 시인이었지만 그의 시가 위대한 것은, 개인의 경험을 자신의 작품에 녹여 인류 보편의 정서로 승화시켰기 때문이다.

한마디로, 예이츠는 이성理性 만능의 합리주의와 물질주의의 거센 파도에 직면하여, 고대 켈트 민족의 위대한 정신적·문화적 유산의 거대한 지하수와 교통交通하고 합류할 수 있는 시학詩學을 정립하여, 유럽 정신문명의 바이블이 될 새로운『바가바드 기타Bhagavad-Gita』를 쓰고자 했다. 이는 아일랜드가 유럽의 인도로 거듭나서, 유럽 정신문명의 저류로서 주도적 역할을 해줄 것을 염원하는 그의 문학적 이상의 표현이었다.

제임스 조이스(1882~1941)는 내면의 리얼리즘Realism을 추구함으로써 20세기 전반 서구에 풍미했던 모더니즘 문학과 현대적 정신의 틀을 만드는데 주도적 역할을 했다. "19세기를 살해한 작가"라는 엘리엇T. S. Eliot의 말이나, "인간 의식의 새로운 국면을 발굴해 낸 위대한 시인"이라는 에드먼드 윌슨Edmund Wilson의 말은, 위대한 문학적 지성이 가져다준 문학적 충격의 본질을 말해준다. 왜냐하면, 버지니아 울프(1882~1941), 엘리엇, 윌리엄 포크너William Faulkner, 1897~1962 등과 같은 당대의 모더니스트Modernist 작가는 물론이고, 조이스 이후의 서구 작가 중에 그의 영향을 받지 않은 사람은 별로 없기 때문이다. 그뿐만 아니라 그는 '현현(顯現, epiphany: 숨겨진 진리의 현시[顯示]를 뜻함)', '의식의 흐름Stream of Consciousness' 등의 용어를 만들어냈고, 소설에서 새로운 실험을 함으로써 현대문학에 커다란 변혁을 초래했다는 점에서, 20세기의 호메로스Homer이자 셰익스피어William Shakespeare로 불리기도 한다. 오늘날도 아일랜드에서는 6월 16일(조이스의 소설 『율리시즈Ulysses』에서 이야기가 전개된 날이자, 조이스가 그의 부인이 된 노라 바나클[Nora Barnacle]과 첫 데이트를 한 날)을 '블룸스 데이(Bloom's Day: 『율리시즈』의 주인공 'Bloom'을 본떠서 지은 축제 명칭)' 축일로 지정해 각종 문화 행사를 펼치고 있다. 지금은 없어졌지만, 예전에는 아일랜드의 10파운드짜리 지폐에서 웃고 있는 조이스의 모습을 볼 수 있었다.

조이스는 예이츠 사후 2년 뒤에 죽었다. 그러나 그들의 문학 세계는 확연히 달랐다. 조이스는 예이츠를 위시한 아일랜드 문예 부흥기 작가들이 추구했던 과거 지향적이고, 전원적이며, 신비주의적인 민족 문학과, 편협한 가톨릭교회와 속물근성snobbery이 판을 치는 "눈먼 쓰라린 고장("blind bitter land"는 아일랜드를 가리킴)"과 "눈멀고 무지한 도시("blind and ignorant city"는 더블린[Dublin]을 가리킴)"를 등지고, 인류 보편의 세계 문학을 찾아 나섰다. 그런 의미에서 조이스는 다분히 '세계인cosmopolitan'이었다고 할 수 있다. 그러나 그가 다룬 문학은 다른 어떤 아일랜드 작가보다도 더 아일랜드적이었다. 이 때문에 더블린은 그의 삶뿐만 아니라 그의 문학의 고향이요, 『더블린 사람들Dubliners, 1914』은 조이스 문학의 원형이라 할 수 있다.

첫 작품 『더블린 사람들』은 조이스가 3년(1904~1907)에 걸쳐서 쓴 14편의 단편과 1편의 중편을 모아 놓은 단편집이다. 이 작품은 조이스가 작가로 성장하는 과정과 그의 문학 세계가 성숙해가는 과정을 잘 보여준다. 조이스는 더블린 시민들의 시대착오적인 영웅주의, 종교적 맹목성, 속물근성 등을 '마비paralysis'라는 주제를 통해 다룸으로써 보편적 인간의 모습을 보여주고자 했다.

다음 작품 『젊은 예술가의 초상A Portrait of the Artist as a Young Man, 1916』은 조이스 자신의 자전적 요소가 두드러진 '성장소설Bildungsroman'로서, 주인공 스티븐 디덜러스 Stephen Dedalus의 자아 형성 과정을 상징적으로 보여주고 있다. 스티븐은 유년기부터 '침묵, 망명, 그리고 교활함silence, exile, and cunning'을 추구함으로써 독자적 자아를 성취하는 젊은 예술가로 성장한다. 그는 5개의 장으로 구성된 각각의 장에서, 자신을 에워싸고 있는 기존 사회의 모든 인습적 속박을 거부하고, "자기 민족의 아직 창조되지 않은 양심을 자기 영혼의 대장간에서 벼를 수 있도록(to forge in the smithy of my soul the uncreated conscience of my race)", 창조적 예술가의 길을 나선다.

『율리시즈Ulysses, 1922』는 조이스의 대작大作일 뿐 아니라 모더니즘 문학의 최고 정점이다. 이 작품은 호메로스의 대서사시 『오디세이Odyssey』를 모방해서, 유대계의 평범한 봉급생활자 리오폴드 블룸Leopold Bloom의 내적인 방황(의식의 흐름을 통해 드러나는 여러 단편적 사고들)을 다루고 있다. 조이스는 이 작품을 통해 다면체로 구성된 현대인의 내면과 일상적 삶을 가감 없이 보여주고자 했다. 정체성을 상실한 현대인은 누구나가 이방인이며 방랑자다. 조이스는 블룸을 통해 근원을 상실한 채 세상을 정처 없이 떠돌아다니는 '방랑하는 유대인wandering Jews'의 모습을 현대인의 전형으로 재현하여, 방랑하는 인간의 의식에 질서를 부여함으로써, 이 작품을 '인간의 소우주', '인간 육체의 서사시이자 백과사전', '인간 의식의 총화'로 만들고자 했다.

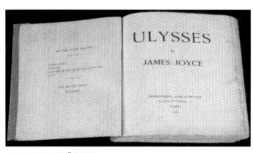
제임스 조이스의 『율리시즈』

『율리시즈』에서는 등장인물들의 방랑에만 국한되지 않고 소설 기법 역시 온갖 방랑을 겪는다. 조이스는 이 작품에서 문학이 할 수 있는 모든 기법을 총동원하여 소설 혁명을 시도하고 있다. 이렇듯 조이스는 열린 형식open form을 통한 형식과 내용의 합일을 추구함으로써, 자신의 문학적 상상력을 리얼리즘의 문학 세계에서 모더니즘 문학으로, 그리고 더 나아가 포스트모더니즘의 문학 세계로 무한히 확장했다.

조이스의 마지막 작품 『피네간의 경야經夜, Finnegans Wake, 1939』는, 장장 17년에 걸쳐 완성된 '조이스 문학의 집대성'이자 '영어로 쓰인 가장 난해한 작품'이며, '문학의 최고봉'이다. 『율리시즈』가 낮의 소설이고 인간 의식의 파노라마를 다룬 소설이라면, 『피네간의 경야』는 인간의 무의식과 잠재의식을 총체적으로 다룬 소설이다. 소설이라고는 하지만 여기에는 전통적 의미의 플롯, 등장인물, 상황 등 그 어느 것도 존재하지 않는다. 그뿐만 아니라 묘사나 설명 또는 심리의 흔적도 없다. 다만 존재하는 것은, 과거에서 미래까지 영겁의 시간에 걸쳐 역사의 흐름 속을 꿈과 같이 움직이는 인간 원형의 모습과 신화와 상징의 세계뿐이다. 문체도 다중의 의미와 연상을 내포한 신조어와 문법에 전혀 맞지 않는 구문을 마구 사용함으로써 '언어 혁명revolution of word'을 일으키고 있다. 문학이 언어를 매개로 삶의 세계에 의미를 부여하는 작업이라면, 조이스는 자기만의 새로운 언어를 창조함으로써 삶의 의미를 부단히 생성하고 창출한 작가라고 할 수 있다.

사무엘 베케트(1906~1989)는 20세기 '부조리 연극Theater of the Absurd'의 대가 가운데 한 사람이다. 그의 작품들은 지역적, 정서적, 철학적, 종교적, 심리적 뿌리가 없는 인간 조건의 탐색을 위해 일상의 단조로움, 인간 행동의 무의미함, 그리고 인간 상호 간에 의사소통의 단절 등의 주제를 '부조리 연극' 형식에 담아 보여주고 있다.

'부조리 연극'이란 제2차 세계대전 이후 실존주의 철학과 혁명적이고 전위적인 극 형식이 결합된 연극에 대해, 영국의 비평가 마틴 에슬린Martin Esslin이 자신의 저서 『부조리 연극The Theatre of the Absurd, 1961』에서 처음 사용한 말이다. 이는 제2차 세계대전을 겪는 동안 유럽의 지식인들이 느꼈던 불안감, 가치관과 목적의 상실, 고독과 소외감, 의사소통의 단절, 종교와 형이상학, 그리고 초월적超越的 뿌리로부터의 단절 등과 같은 비극적 상황의 산물이다.

‘부조리 연극’은 인간 존재를 무의미하거나 부조리한 것으로 제시하며, 이러한 주제를 강조하기 위해 비논리적인 극적 기교들을 사용한다. 플롯도 전통적 극 구성의 방식을 따르지 않는다. 대개의 경우 사건의 진전이 전혀 없이 시작과 끝이 동일한 순환적 구조를 따른다. 등장인물들은 사실적이지 못하고, 인물에 관한 설명도 배제된다. 무대는 낯설고 인식할 수 없거나 뒤틀린 세상이다. 대사는 간결하고 양이 적으며, 대화는 전혀 이치에 맞지 않고, 등장인물들은 의사소통에 실패한다.

　베케트의 『고도를 기다리며*Waiting for Godot*, 1953』는 부조리 연극 중에서 가장 유명한 작품이다. 폐허로 변한 우리 세계의 처절한 환영幻影이라 할 수 있는 이 작품의 무대에서는 아무런 사건도 일어나지 않는다. 등장인물의 성격이나 심리적 갈등도 전혀 찾아볼 수가 없다. 등장인물들은 시시각각으로 밀려오는 고독과 불안을 잊기 위해 쉬지 않고 지껄이고, 싸우고, 서커스의 광대처럼 행동하지만, 결국은 모든 것이 공허하고 무의미하다. 또한, 그들에게는 신의 구원도 없다. 그들은 인간 원죄와 숙명적 공허의 상징일 뿐이다. 한마디로 말해서, 이 작품은 인간 존재의 무의미함과 인간 언어의 부조리성을 미학적으로 결합한 작품이다.

〈고도를 기다리며〉의 공연 장면

　어딘지 모를 시골길에 두 남자, 블라디미르Vladimir와 에스트라곤Estragon이 서 있다. 그들은 자아를 상실한 부랑아 같은 존재로서 만난 적도 없고 절대 오지도 않는 ‘고도Godot’를 기다리는 현대인의 투사체이다. 비루하고 지루한 일상을 놀이로 버텨 보려고 애쓰는 그들 앞에, 무거운 가방을 든 시종 럭키Lucky와 그를 끈으로 묶어 앞세운 포조Pozzo가 나타난다. 욕설과 채찍질로 럭키를 조종하는 포조, 그리고 끝없는 독백으로 기이한 분위기를 연출하는 럭키, 이들이 가버린 뒤에도 블라디미르와 에스트라곤은 '고도'를 기다린다. 다음날에도 똑같은 일이 반복된다. 블라디미르와 에스트라곤은 그들의 대화에서 스스로 밝히고 있듯이, 결코 하나가 될 수 없는 이질적이고 소외된 모습으로 등장하며, 포조와 럭키 역시 주인과 노예의 관계로 억압과 복종이라는 현대인의 모습으로 재현된다.

1953년에 <고도를 기다리며>의 프랑스 초연은 세계 연극의 흐름을 온통 뒤바꿔 놓은 충격 그 자체였다. 세계 곳곳에서 '고도'는 그곳에 결핍된 '그 무엇'을 상징했다. 60년대 폴란드 공연에서 '고도'는 '소련으로부터의 해방'이었고, 미국 생 켕탱 감옥 죄수들의 공연에서는 '석방'이었다. 이 작품에서 '고도'가 신의 상징이냐 아니면 희망의 상징이냐, 그리고 '고도'가 왔었느냐 아니면 오지 않을 것이냐 하는 문제는, 전적으로 독자나 관객들의 판단에 달려있다.

현대의 작가들

아일랜드 현대문학의 전통은 남아일랜드와 북아일랜드 출신의 수많은 재능 있는 작가들이 이어가고 있다. 리머릭 출신의 케이트 오브라이언Kate O'Brien, 1897~1974은 부유한 가톨릭 중산층 가정에서 태어나 주로 소설을 썼다. 그녀의 소설은 종교적 갈등, 여성의 자유, 아일랜드 중산층의 가정 문제 등을 다루고 있다. 철저한 공화당원으로 비극적인 삶을 살다 간 브렌던 베헌Brendan Behan, 1923~1964은 자신의 파란만장한 삶을 그린 시와 극 작품을 써서 생전에 인기를 누렸다. 코크 주 출신의 윌리엄 트레버William Trevor, 1928~는 단편소설을 써서 명성을 얻었고, 벨파스트 출신의 브라이언 무어Brian Moore, 1921~1999와 버나드 맥라버티Bernard MacLaverty, 1942~는 북아일랜드에서 겪은 자신들의 삶과 정치 문제 등을 다룬 소설을 썼으며, 더블린 출신의 로디 도일 Roddy Doyle, 1958~은 극작가 오케이시처럼 노동자 계층의 삶을 파헤치는 소설을 쓰고 있다. 프랭크 맥코트Frank McCourt, 1930~가 쓴 자전적 소설 『안젤라의 유골Angela's Ashes, 1996』은 1997년에 퓰리처상을 받았으며, 지금까지 전 세계에서 수백만 권이 팔렸다.

또한, 1999년에는 같은 제목의 영화로도 만들어져 전 세계인에게 잔잔한 감동을 주었다. 그의 대표작으로는 또한 『티스 *Tis*, 1999』와 『가르치는 사람 *Teacher Man*, 2005』 등이 있다. 최근의 소설가로는 웩스퍼드 출신의 존 밴빌 John Banville, 1945~이 『바다 *The Sea*』로, 더블린 출신의 앤 엔라이트 Anne Enright, 1962는 『개더링 *The Gathering*』으로 각각 2005년과 2007년에 맨부커상을 받았다. 이외에도 경력 초기에는 고전을 면치 못했으나 후에 소설가와 학자로서 크게 성공한 콜룸 토빈 Colm Tóibín, 1955~ 등이 있다.

극작가 브라이언 프리엘 Brian Friel, 1929~의 명작 『번역 *Translations*, 1980』은 언어의 정체성, 문화, 번역과 의사소통의 문제 등을 통해 사람들이 아일랜드의 역사를 보는 방식을 바꾸어놓았다. 존 비 킨 John B. Keane, 1928~의 극 작품 『들판 *The Field*, 1965』은 아일랜드인의 토지에 대한 태도를 알고자 하는 사람들의 필독서이며, 톰 머피 Tom Murphy, 1935~는 아일랜드의 정치와 역사에 관심을 기울인 극작가이고, 세바스천 배리 Sebastian Barry, 1955~는 극 작품과 소설에서 아일랜드의 정체성 문제를 다루고 있으며, 1990년대에 극작을 시작한 마틴 맥도나 Martin McDonagh, 1970~와 마리나 카 Marina Carr, 1964~는 국가와 민족의 경계를 넘어 전 세계의 관객을 염두에 두고 극작 활동을 하고 있다.

"남아일랜드에서는 음악가들이 환영을 받고, 북아일랜드에서는 시인들이 환영을 받는다"는 말이 있듯이, 현대에 들어 수많은 북아일랜드 출신의 작가들이 시 분야에서 활약하고 있다.

벨파스트 출신의 시인 루이스 맥니스 Louis MacNeice, 1907~1963는 주로 아일랜드의 상황과 문제에 관한 시를 썼고, 패트릭 카바나 Patrick Kavanagh, 1904~1967는 북아일랜드 농경사회의 고된 삶을 다루었으며, 톰 폴린 Tom Paulin, 1949~, 폴 멀둔 Paul Muldoon, 1955~, 데릭 마혼 Dereck Mahon, 1941~, 마이클 롱리 Michael Longley, 1939~는 북아일랜드의 역사와 정치에 관한 시들을 쓰고 있다. 그리고 폴 두르칸 Paul Durcan, 1944~과 이반 볼랜드 Eavan Boland, 1944~는 페미니즘 계열의 시를 쓰고 있다. 이들 외에도 주요 시인으로는 토마스 킨셀라 Thomas Kinsella, 1928~, 존 몬타그 John Montague, 1929~, 브렌던 케넬리 Brendan

Kennelly, 1936~ 등이 있으며, 노벨 문학상 수상자로는 셰이머스 히니(1939~2013)가 있다.

'페이머스 히니Famous Heaney'라는 별명을 가진 셰이머스 히니는, 1939년 북아일랜드 런던데리 주에 있는 모스본Mossbawn 농장에서, 가톨릭 집안의 9남매 중 장남으로 태어났다. 히니의 시 세계에 결정적인 영향을 끼친 것은 그가 어린 시절에 몸소 체험했던 농촌 생활이다. 1940년대와 1950년대의 아일랜드는 땅을 파서 감자를 심고, 소를 키워 젖을 짜는 전형적인 농업 국가였다. 히니의 감수성은 외부와 차단된 농촌 환경에서 흙냄새를 맡으면서 이웃들과 어울리며 순박하게 자라는 가운데 형성되었다. 따라서 히니의 시는 영국의 서정시와 자연시의 전통에서 출발했다고 할 수 있다. 하지만 그는 오랜 세월 동안 영국의 식민통치를 받아 온 아일랜드의 비극적 역사와 아일랜드인의 슬픈 정서를 외면할 수가 없었다. 그러므로 그의 시에는 아일랜드의 독특한 역사와 신화, 정치와 종교, 그리고 언어와 문학에 대한 깊은 애정과 성찰이 담겨있다.

하지만 후기 시에서는 다소 지역적이고 저항적이던 초기 시의 분위기에서 벗어나 대국적인 안목에서 아일랜드의 정체성을 찾고, 개인과 민족 간의 조화를 추구하려는 자세가 엿보인다. 간단히 말해서, 히니는 영국의 서정시와 자연시의 오랜 전통에 리얼리즘의 색채를 가미함으로써, 서정시의 새로운 패러다임을 제시한 시인이라 할 수 있다.

그의 초기 작품들은 대부분 유년시절에 농촌의 영향을 받은 것으로서 『어느 자연주의자의 죽음Death of a Naturalist, 1966』, 『어둠으로의 문Door into the Dark, 1969』 등이 있다. 한편, 정치·사회적 관심을 보여주는 작품으로는 『북쪽North, 1975』, 『현장 답사Field Work, 1979』 등이 있다. 후기 작품으로는 『산사나무 초롱The Haw Lantern, 1987』, 『영혼의 수준The Spirit Level, 1996』, 『전깃불Electric Light, 2001』, 『인간 사슬Human Chain, 2010』 등이 있으며, 번역서 『베오울프Beowulf, 1999』가 있다.

이상에서 살펴본 바와 같이 아일랜드 문학의 저력은 무궁무진하다. 과거에 찬란했던 게일 문학은 21세기의 오늘날까지도 『해리 포터Harry Porter, 1997』나 『반지의 제왕The Lord of the Rings, 1955』 등과 같은 '판타지Fantasy' 소설들을 비롯하여 <페이트 스

테이 나이트Fate Stay Night> 같은 컴퓨터 게임에 이르기까지 무한한 문화콘텐츠를 제공해주고 있으며, 최근 들어 수많은 수준급 작가들이 문학의 각 장르에서 왕성하게 활동하고 있는 것으로 미루어, 다섯 번째 노벨 문학상 수상자가 배출될 날도 머지않아 보인다.

아일랜드의 음악, 춤, 회화, 영화, 스포츠, 언론

아일랜드의 음악

전통음악   2007년에 개봉된 아일랜드의 영화 ≪원스Once≫는 더블린 거리를 배경으로 펼쳐지는 이국적인 영상미뿐 아니라, 이와 함께 어우러지는 감미로운 아일랜드 음악을 선보임으로써, 세계 곳곳에서 관객들의 마음을 사로잡았다. 또한, 오래전에 유행했던 ≪타이태닉Titanic≫은 영화로뿐만 아니라 주제 음악으로도 전 세계

영화 ≪원스(Once)≫의 한 장면

적인 선풍을 일으켰다. '타이태닉호'가 1912년 벨파스트 인근에 있는 할란드 앤 울프 조선소Harland and Woolff's Yard에서 만들어진 배이고, 주제 음악 <내 마음은 영원히 그대 곁으로My Heart Will Go On>의 간주 부분이 아일랜드의 전통악기인 페니 휘슬penny whistle로 연주되어 애처로운 분위기를 자아내고 있다는 사실을 상기하면서, 아일랜드의 전통음악 속으로 빠져보자.

아일랜드는 악기(harp, 하프)를 국가의 상징으로 삼고 있는 세계에서 유일한 나라이다. 음악을 지극히 사랑하는 아일랜드에서도 다른 나라와 마찬가지로 여러 종류의 음악이 성행하고 있지만, 아일랜드 음악의 진수는 역시 전통음악이다. '아일랜드의 전통음악'은 민속학자들이 '민속 음악'이라고 부르는 것으로, '민중을 위해 민중이 만든, 비전문적이고, 비상업적이며, 입에서 입으로 전수되는, 시골에 근원을 둔 레퍼토리'를 의미한다. 이 전통음악은 흔히 노래와 기악으로 나뉜다. 노래는 '션노스(sean-nos: 아일랜드어로 'old style'이라는 뜻으로, 반주 없이 아일랜드어나 영어로 부르는 옛날 스타일의 노래를 의미함)', 민요, 발라드, 그리고 옛 선율이 들어 있는 현대의 대중가요로 구성된다. 기악은 하프harp, 일리언 파이프(uilleann pipe: 백파이프의 일종), 피들(fiddle: 바이올린), 플루트flute, 페니 휘슬(penny(tin) whistle), 만돌린mandolin, 밴조banjo, 보란(bodhran: 염소 가죽으로 만든 드럼의 일종), 멜로디언(melodeon: 버튼 아코디언이라고도 함) 등과 같은 아일랜드의 전통악기들로 연주되는 곡을 의미한다. 그러나 우리가 '아일랜드 전통음악'이라고 말할 때는, 단지 노래나 기악만을 지칭하는 것이 아니라, 춤과 이야기까지도 함께 아우르는 종합예술을 의미한다(박일우 36). 아일랜드 전통음악의 제 형식들은 유럽의 음악전통과 공통점이 있지만, 선율, 공연 스타일, 악기 등에서 차이가 난다. 또한, 이들은 현대의 예술 형식들을 수용하고 포용함으로써 늘 새로운 모습으로 변모하고 있다. 간단히 말해서, 아일랜드 전통음악은 영국의 식민통치로부터 독립을 쟁취하는 과정에서 민족적 정체성과 문화적 정체성을 되찾고자 했던 노력의 산물이며, 최근 들어서는 민족적 자긍심을 드높이고자 하는 노력의 결실이다.

'켈트 음악Celtic Music'이란 아일랜드Ireland, 스코틀랜드Scotland, 웨일스Wales, 브리타니Brittany, 케이프 브레턴Cape Breton섬, 노바 스코샤Nova Scotia, 뉴펀들랜드Newfoundland, 스페인의 아스투리아스Asturias와 갈리시아Galicia 등의 켈트 문화권에서 연주되고 행해지는 전통음악, 퓨전 음악, 팝 음악을 총칭하며, 현대의 음반 산업에서 유럽과 북미에 의해 주도되는 '세계 음악World Music' 시장과 대립되는 부문의 시장을 지칭한다. 또한, 꿈처럼 몽롱하고 신비로우며 감상적이고 듣기 편한 음악을 의미하기도 한다.

아일랜드는 서구 음악전통의 영향을 별로 받지 않은 채, 그들만의 독특하고 유서 깊은 음악전통을 만들어왔다. 오래전에 시골에서는 마을마다 아코디언 및 양철 피리 연주자와 민요 가수가 있어서 때때로 그들의 이웃에 관한 노래를 지어서 불렀다. 지금도 나이가 지긋한 사람들은, 자기 아버지 세대가 이웃 사람들의 술버릇이나 집안의 내력 등에 관해 지어 불렀던 노래를 부르곤 한다. 이들 노래의 주제로는 시골 사람들이 관심을 가졌던 모든 분야가 망라되어 있다.

아일랜드 전통음악의 기원은 18세기로 거슬러 올라간다. 대략 1700년까지 하프는 아일랜드 음악에서 가장 중요한 악기였다. 최초의 아일랜드 음악은 음유 시인bard들이 금속 줄로 된 하프 음악에 맞춰 불렀던 노래로부터 유래한다. 하지만 17세기까지는 그 어떤 음악도 기록으로 남아있는 것이 별로 없다. 기록으로 남아있는 최초의 음악은 하프 연주자였던 털로 오카로란Turlough O'Carolan, 1670~1738의 작품이다. 그 다음의 기록은 1792년 '벨파스트 하프 페스티벌The Belfast Harp Festival'에서 선보인 작품들이다.

춤은 아일랜드 전통음악에서 중요한 위치를 차지한다. 전통적으로 아일랜드의 음악은 춤에 곁들이는 반주 음악으로 시작되었다. 오늘날 남아 있는 대부분의 유명한 곡들은 수 세기 전부터 성행한 릴reel, 지그jig, 혼파이프hornpipe 등의 춤에서 나왔다.

오늘날 아일랜드 전통음악은 17~19세기에 그랬던 것보다 더 유행하고 있다. 1695년부터 효력을 발휘한 '형법'은 아일랜드의 문화, 그중에서도 특히 춤과 음악에 치명적인 영향을 미쳤다. 영국인의 문화 말살 정책으로 인해 모든 예술 활동이 지하로 숨어들었기 때문이다. 아일랜드의 음악에서 느낄 수 있는 가정적인 분위기는 이러한 역사적 사건과 관련이 있다. 이렇듯 아일랜드 전통음악은 가정 내에서 그 맥을 이어갔다. 결혼식이나 경야(經夜, wake 또는 마을의 축제에서 사람들은 전통음악을 즐겼고, 친구, 친척, 역사적 사건들을 소재로 즉석에서 노래를 지어서 불렀다. 1845년부터 시작된 '대기근' 역시 아일랜드의 음악을 파국으로 몰고 갔다. 곡을 연주하던 대부분의 사람이 굶주림으로 죽거나 해외로 이주했기 때문이다. 그나마 음악이 명맥을 유지할 수 있었던 것은 영국, 미국, 호주, 캐나다, 뉴질랜드 등으로 이민을 떠난 사람들이 머나먼 타국에서 그들 고유의 음악을 지키고 보존했기 때문이다.

19세기 후반에 시작된 '아일랜드 문예부흥운동'은 이제껏 잊혔던 아일랜드 고유의 문화를 복원하는 데 크게 기여했다. 특히 1893년에 결성된 '게일 연맹'은 전통음악을 부활시키고 '케일리'(ceili(dh): 아일랜드어로 '춤, 노래, 이야기를 위한 파티'라는 뜻으로, 특히 스코틀랜드나 아일랜드에서 춤과 음악이 곁들인 사교 행사를 의미함)'를 창안하는 데 일조했다. 이러한 운동이 있기 전에 아일랜드 전통음악은, 솔로로 연주되거나 악기가 수반된 '세션session: musical evenings'에서만 연주되었다.

'세션'은 아일랜드 사람들이 전통음악을 연주하거나 노래하는 비공식적인 모임을 말한다. 이 모임에서 특정의 '튠'(tune: 개별적인 기악곡)을 아는 사람이 맨 먼저 시작을 하면, 그 '튠'을 아는 나머지 사람들도 함께 참여한다. 아일랜드 전통음악은 귀나 입으로 전수되었기 때문에 하나의 튠에도 다양한 변주 튠들이 있는 것이 특징이다.

보통 세션은 아일랜드의 전역에 산재한 '펍'에서 열린다. 악기를 연주할 수 있는 사람은 펍에서 환영을 받는데, 그 이유는 그 사람 덕분에 오랫동안 노래를 이어갈 수 있기 때문이다. 또한, 펍의 주인은 세션을 계속 이끌어가기 위해 정기적으로 한두 명의 음악가를 유급으로 고용하기도 한다. 세션은 아일랜드 전통음악이 만들어지고 전수되는 주요 현장이며, 젊은 아마추어 음악가들이 그룹을 형성하고, 기량을 연마하며, 사교 활동을 펼치는 무대이다. 또한, 아일랜드인이 너나 할 것 없이 친목을 도모하고 공동체 의식을 함양하는 장소이기도 하다.

아일랜드의 전통음악에는 그 아류로 여겨지는 몇몇 종류의 음악이 있다. 그중 하나는 도니갈 지역의 펍에서 심야에 불리는 '레블 송Rebel Song'이다. '레블 송'은 영국의 식민통치에 항거하는 독립운동을 기념하거나, 아일랜드인에 대한 동정심을 유발하기 위한 노래이다. '레블 송'은 전통음악과 같은 악기를 사용하지만, 가사의 내용이 다르다. 가사의 내용은 주로 독립투쟁, 독립운동에 관련된 사람들에 대한 칭송, 침략자인 영국인에 대한 공격, 아일랜드인의 단결심 촉구 등으로 구성된다. 이러한 종류의 음악을 전문으로 하는 밴드가 여럿이 있는데, <울프 톤즈Wolfe Tones>, <에이레 오그Eire Og>, <애씬리Athenry>, <쉬빈Shebeen> 등이 이에 속한다.

유명한 아일랜드의 레블 송(Rebel Song)

〈The Ballad of James Connolly〉

〈Come Out Ye Black 'n' Tans〉

〈Fields of Athenry〉

〈A Nation Once Again〉

다음으로는 더블린에 근거를 두고 음탕한 노래를 부르는 밴드가 있는데, <더 블리너즈The Dubliners>와 그들의 노래 <7일간의 술 취한 밤Seven Drunken Nights>이 전형적인 예이다. 또한, 사별한 부인이나 떠나온 고향 집을 그리는 애절한 감상感傷을 노래한 발라드가 있다. 이는 미국의 컨트리 음악과 유사한 것으로, 다니엘 오돈넬Daniel O'Donnell, 모라 오코넬Maura O'Connell 등을 위시하여 수많은 사람이 불렀다.

20세기 초엽에 아일랜드 전통음악은 주로 가정에서 연주되고, 춤과 함께 불렸다. 아직 아일랜드어를 쓰는 인구가 많았고, 노래는 일에 수반되거나 흥을 돋우기 위한 오락의 한 형태로서 중요한 활동이었다. 몇몇 전문 음악가나 댄서가 있기는 했지만, 대부분은 가정이나 마을 행사에서 즐기기 위해 춤을 추고 노래하는 아마추어들이었다. 또한, 전통음악은 아일랜드 대부분 지역에서 연주하고 들을 수 있는 유일한 음악이었다.

전통음악은 20세기 중반에 라디오의 출현으로 잠시 주춤하다가, 1950년대부터 1960년대까지 미국에서 일어난 '포크 음악 부흥 운동'에 고무되어 활력을 되찾기 시작했다. 특히, 보이스voice와 악기의 결합은 전통음악의 새로운 길을 예비豫備했다. 일반적으로 아일랜드 음악에서 보컬vocal의 전통은 악기가 수반되지 않은 솔로 예술의 형태였다. 뉴욕에서 <클랜시 브라더즈The Clancy Brothers>가 기타와 밴조를 곁들인 밴드 음악을 선보이자마자 큰 성공을 거두었다. 이어서 등장한 <치프턴스The Chieftains> 밴드는 아일랜드의 전통악기와 오케스트라를 결합함으로써 전 세계적 명성을 얻었다. 이에 영향을 받아 아일랜드 내에서도 <울프 톤즈>, <더블리너즈>, <클래나드Clannad> 같은 밴드들이 생겨났다. 이후 배턴을 이어받은 밴드로는 <플랜스티Planxty>, <보디 밴드The Bothy Band>, <무빙 하츠Moving Hearts> 등이 있다.

최근 들어 사회의 변화와 함께 아일랜드 전통음악도 급속히 변화의 길을 걷기 시작했다. 교통·통신 시설의 발달과 대중 매체의 보급은 전통음악의 보급에 지대한 공헌을 했다. 또한, 녹음과 음반 시장의 발달은 국내외적으로 음악의 교류를 활성화했고, 국내 음악과 해외 음악 사이에, 그리고 음악의 각 장르 간에 경쟁을 부추겼다. 음악 공연의 장소도 종전의 가정이나 마을 행사장으로부터 펍, 콘서트홀, 스타디움, 음악 축제장, 라디오나 텔레비전 스튜디오로 바뀌었다. 또한, 부富가 점점 증대됨에 따라 전통음악을 후원하고 장려하는 각종 단체가 생겨나서 전통음악에 대한 관심을 일깨웠다.

이러한 시대적 흐름과 함께 아일랜드의 음악 환경도 점차 다변화되는 추세이다. 과거의 레퍼토리와 공연방식을 고집하는 부류가 있는가 하면, 록, 랩, 포크, 팝, 컨트리 앤드 웨스턴country and western, 로큰롤rock & roll, 민속 음악 등과 접목을 시도함으로써 전통음악의 현대화와 상업화에 적극 나서는 사람들도 있다. 음악 공연의 장소도 지역성을 탈피해서 세계 각국으로 확산되고, 공연의 규모 또한 대형화되고 있다. 1990년대 중반부터 생겨난 <리버댄스Riverdance>, <로드 오브 댄스Lord of the Dance>, <스피릿 오브 댄스Spirit of the Dance>, <블랙 47Black 47> 등의 대형 쇼들은, 아일랜드 전통문화를 브로드웨이Broadway와 접목함으로써 전 세계적으로 흥행에 성공한 문화상품의 좋은 예들이다.

역사적으로 볼 때, 아일랜드의 음악전통은 프랑스, 영국, 스코틀랜드, 미국, 동유럽, 인도 등의 다양한 음악과 악기, 그리고 기교와 스타일을 흔쾌히 받아들이려는 유연한 자세를 견지해왔다. 지난 40여 년 동안 아일랜드 전통음악은 팝 음악 및 상업주의의 영향으로 하이브리드hybrid 스타일의 음악 상품을 세계 시장에 내놓음으로써 새로운 형태의 공연문화를 주도하고 있다. 이러한 이유로 아일랜드 전통음악은 팝 음악의 위세에 눌린 여타의 유럽 전통음악들과는 다르게 아직도 활력을 유지해 오고 있다.

변화와 혁신이 전통을 유지·발전시키는데 중요한 역할을 하는 것은 사실이지만, 오늘을 있게 한 과거와의 끊임없는 대화를 시도하면서 현대적 감각에 맞도록 전통음악을 발전시키는 것은, 아일랜드 전통음악을 사랑하는 모든 이들의 책무이다.

아일랜드 전통음악 최상위 앨범

1. 〈The Quiet Glen〉 (Tommy Peoples)
2. 〈Paddy Keenan〉 (Paddy Keenan)
3. 〈Compendium: The Best of Patrick Street〉 (Various)
4. 〈The Chieftains 6: Bonaparte's Retreat〉 (The Chieftains)
5. 〈Old Hag You Have Killed Me〉 (The Bothy Band)

대중음악　아일랜드의 음악은 전 세계적인 음악의 흐름에 동참하면서 대중음악으로 굳건히 자리 잡기 시작했다. 1960년대 이래로 아일랜드의 음악인들이나 그룹들

은, 영국이나 미국에서 들여온 음악에 아일랜드 전통음악과 자신들의 독창적인 아이디어를 가미하여 하이브리드 음악을 양산해 냈다.

1950년대부터 1960년대까지 아일랜드 대중음악은 '쇼 밴드show band'가 주도했다. 이 밴드는 로큰롤 히트곡rock-and-roll hits과 컨트리country-and-western 곡의 연주뿐 아니라 독창적인 곡과 전통적인 곡을 뒤섞어 공연함으로써, 전국에 있는 공연장을 관중들로 가득 메웠다. '쇼 밴드'의 인기는 1970년대까지 이어졌고, 조 돌란Joe Dolan 의 경우 꾸준히 히트곡을 추가함으로써 새 천 년까지 인기를 누렸다. 발라드 가수들과 그룹들도 1960년대에 번창했는데, 이는 전통음악에 대한 관심이 커지고, 서구에서 포크 가수들이 많이 출현했기 때문이다.

<치프턴스>는 맛깔스러운 자작곡과 전통음악을 연주하며 전국을 순회했고, <더블리너즈>는 발라드 위주의 곡들을 연주함으로써 비슷한 성공을 거두었다. 크리스티 무어Christy Moore, 1945~는 아일랜드에서 가장 사랑을 많이 받는 가수로서, <플랜스티>와 <무빙 하츠>의 주 멤버로 활동했다. 그의 노래는 정치색을 띠어서 더욱 인기를 누렸는데, 그는 대중음악에 합류하기 전에 전통음악으로 음악을 시작했다. 크리스티 무어는 솔로 앨범이 폭발적인 인기를 끌면서 유명해졌다. 또한, 영화 ≪반지의 제왕≫의 삽입곡 <되게 하소서May It Be>를 불러 더욱 유명해진 도니갈 출신의 엔야Enya, 1961~도 크리스티와 비슷한 길을 걸었다. 독특하고도 매력적인 '셴노스' 전통 창법에 능한 엔야의 뉴에이지New Age 음반 <켈츠The Celts>와 <워터마크 Watermark>는 1987년에 BBC 방송을 탄 뒤 엄청난 관심을 끌었고, 애잔하면서도 신

밴 모리슨

비스러운 그녀의 목소리는 지금도 세계인의 가슴에 잔잔한 감동을 선사하고 있다. 1990년대 중반에는 아일랜드의 전통춤인 '스텝 댄스'를 종합예술로 탈바꿈한 <리버댄스>가 관객들의 큰 호응을 얻었다.

1960년대 후반에는 밴 모리슨, 로리 갤라허Rory Gallagher, 필 린노트Phil Lynott가 혜성처럼 등장하여 록 음악계를 뒤흔들었다. 특히, 벨파스트 출신의 밴 모리슨은 그룹 <뎀Them>의 리드 싱어로 활동하면서 <애스트럴 웍스Astral Weeks>와 <문댄스Moondance> 등의 히트 앨범을 냈다.

또한, 록 밴드인 U2는 아일랜드에서 가장 큰 음악 수출품이다. 1978년에 더블린 교외에서 보노Bono, 디 엣지The Edge, 아담 클래이톤Adam Clayton, 래리 멀렌 주니어Larry Mullen Jr.가 <하이프The Hype>라는 그룹을 만들었는데, 이것이 나중에 U2로 널리 알려졌다. 디 엣지의 특이한 기타 연주, 클래이톤과 멀렌의 휘몰아치는 리듬 섹션, 그리고 보노의 열광적이면서도 감정이 풍부한 다양한 음색의 노래는, 관객들을 흥분의 도가니로 몰아넣었다. 그들은 1980년대부터 <소년Boy>, <전쟁War>, <잊을 수 없는 불The Unforgettable Fire>, <여호수아의 나무The Joshua Tree> 등의 앨범을 연이어 발

U2의 보노

표하여 전 세계인의 관심을 끌었다. 그들의 본거지는 더블린에 있는 '클래렌스 호텔Clarence Hotel'과 '키친Kitchen' 나이트클럽이다.

U2의 멤버들이 오늘날까지도 험난하고 변화무쌍한 로큰롤 계에서 큰 충돌 없이 반세기 동안 공연해오고 있는 것은 놀라운 일이다. 지금까지 1억 7000만 장의 음반이 팔렸고, 2011년에는 '360도 투어'로 록 역사상 최고 수입인 8억 달러를 벌어들였다.

켈트 음악 계통의 록 밴드로는 1970년대의 <호슬립스The Horslips>와 1990년대의 <코어스The Corrs>가 있다. 영화 ≪주홍 글씨≫에서 여배우 고故 이은주가 불렀던 <내가 잠잘 때뿐이지Only When I Sleep>가 바로 코어스의 노래이다. 1980년대 그룹으로는 펑크록punk rock, 발라드, 그리고 전통음악을 접목한 음악을 선보인 <포구스The Pogues>가 있다. 이외에도 <씬 리지Thin Lizzy>, <크랜베리스The Cranberries>, <퍼레이스The Fureys>, <셰인 맥고완Shane McGowan>, <포프스The Popes> 등의 그룹이 있고,

미녀 가수 시네이드 오코너Sinead O'Connor, 1966~와 <여자의 마음A Woman's Heart>이라는 앨범으로 인기를 얻은 메리 블랙Mary Black, 1955~이 있다. 1990년대 중반부터는 <보이존Boyzone>이나 <웨스트라이프Westlife>같은 소년 밴드들이 등장하여 10대들의 가슴을 파고들면서 음반 시장을 석권하고 있다.

전통음악에 가까운 계열의 밴드로는 <앨탄Altan>, <겔릭 스톰Gaelic Storm>, <루나사Lunasa>, <솔라스Solas> 등이 있고, 다문화적 퓨전fusion 스타일의 밴드로는 <애프로 켈트 사운드 시스템Afro Celt Sound System>과 <로리나 맥켄니트Loreena McKennit> 등이 있다. 최근에 등장한 최고의 가수는 데미안 라이스Damien Rice, 1973~이다. 그의 데뷔 앨범 <오O>는 2003년에 발매를 시작한 이후 백만 장 이상이나 팔려나갔고, 이 앨범에 수록된 애잔한 노래 <허풍쟁이의 딸The Blower's Daughter>은 인기 영화 ≪클로저Closure≫의 처음과 끝에 실려 화제가 되기도 했다.

이제껏 살펴본 바와 같이, 아일랜드인이 음악에 소질이 있다는 것은 누구나 다 수긍하는 일이다. 아일랜드는 '유로비전 노래 경연대회(The Eurovision Song Contest: 유럽 방송연맹 회원국이 벌이는 연례 노래 경연대회로서 1955년부터 시행됨)'에서 일곱 차례나 우승함으로써, 그들의 타고난 음악적 기량을 만천하에 과시하고 있다.

유명한 아일랜드의 노래
⟨Danny Boy⟩
⟨Dirty Old Town⟩
⟨Green Fields of France⟩
⟨Molly Malone⟩
⟨Rare Oul' Times⟩
⟨Ride On⟩
⟨Whiskey in the Jar⟩

아일랜드의 춤

아일랜드인의 영적인 갈망을 이해하기 위해서는 그들의 문학을 알아야 하고, 아일랜드인의 행복한 마음을 이해하기 위해서는 그들의 춤을 알아야 한다. 아일랜드인은 춤을 아주 좋아하기 때문에 춤은 그들의 문화에서 중요한 부분을 차지한다. 아일랜드에서 춤이 언제 시작되었는지는 확실치 않지만, 기독교가 들어오기 이전에 드루이드들이 신성한 오크나무 밑에서 원형으로 무리를 지어 춤을 췄던 것으로 추정된다.

오늘날 전 세계에서 명성을 얻고 있는 아일랜드의 전통춤은 17세기에 시작된 '빌리지 댄스village dance'에서 유래했다. 당시에 춤은 젊은이들을 위한 유일한 오락이었다. 전통적으로 농업사회인 아일랜드의 시골에서는 결혼식, 장날, 우牛시장, 헐링(hurling: 아일랜드식 하키) 대회, 경마 대회와 같은 행사에 춤과 음악이 필수였다. 젊은이들이 하나둘 모여들고 악단이 도착하면 곧바로 춤이 시작되었다. 또한, 날씨가 좋을 때는 교차로나 풀밭에서, 그리고 겨울 동안에는 부엌이나 헛간에서 따분한 일상을 달래기 위해 즉석에서 춤판을 벌이기도 했다. 이때 추었던 춤은 주로 '셋 댄스set dance'였다.

하프, 피들, 백파이프 등을 연주하는 수많은 떠돌이 악사들이 춤꾼들을 데리고 다니면서 춤판을 이끌었고, 지그, 릴, 혼파이프 등과 같은 춤과 음악을 제공했다. 하지만 세월이 가면서 왈츠waltz, 폴카polka, 셋set 등이 춤 레퍼토리에 추가되었다. 또한, 예전에는 춤 선생dancing master이 있어서 시골과 도시를 오가면서 사람들에게 '스텝 댄스'와 사교춤을 가르쳤다. 춤곡은 토속적인 것과 영국이나 스코틀랜드로부터 들여온 것들이 있는데, 지금도 새로운 곡이 계속 나와 레퍼토리에 추가된다. 이들 대부분은 구전으로 전해졌으며, 최근에 와서야 문자로 기록되었다.

아일랜드의 전통춤은 크게 솔로 형식과 그룹 형식으로 구분된다. 전문 춤꾼들이 추는 솔로 레퍼토리(스텝 댄스)로는 지그, 릴, 혼파이프 등이 있으며, 사교를 위한 그룹 댄싱으로는 '반 댄스(barn dance: 시골 춤)'와 '셋 댄스', 그리고 '케일리 댄스' 등이 있다.

아이리시 스텝 댄스

'스텝 댄스'는 개인의 묘기를 보여주기 위한 춤이다. 18세기에 춤 선생들은 즉석에서 춤 경연을 벌이기도 했는데, '접시 위에서도 춤을 출 정도'로 실력이 대단했다. '스텝 댄스'는 상체를 바로 세우고 두 손을 편안하게 내린 다음, 얼굴 표정 없이 두 발만을 이용하여 큰 소리를 내면서 추는 춤을 말한다. 이 춤은 예전에 대가족이 작은 오두막 집cottage에 모여 살 때, 좁은 거실에서 많은 사람이 춤을 즐기기 위해 생각해 낸 것으로 추정된다. 여하튼 이 춤의 인기는 대단해서 1887년에는 더블린에서 최초로 개최된 '음악 경연대회('페쉬 케올', Feis Ceoil)'의 정식 종목으로 채택되었다.

아이리시 스텝 댄스는 가죽 밑창으로 된 신을 신고 추는 '소프트 슈즈 댄스Soft Shoes Dance'와 강화유리(과거에는 나무)로 굽을 댄 구두를 신고 추는 '하드 슈즈 댄스Hard Shoes Dance'로 나뉜다. 특히, 하드 슈즈 댄스는 밑창에 금속 징을 박은 구두를 신고 발소리를 내며 추는 '탭댄스Tap Dance'와 유사하다.

'셋 댄스'는 18세기 나폴레옹 시대에 파리에서 유행했던 '카드릴 셋(Sets of Quadrilles: 네 사람이 한 조가 되어 추는 '스퀘어 댄스')'에서 유래한 춤으로, 새로운 안무와 댄스 튠이 가미되어 아일랜드의 춤으로 토착화되었다. 남녀 네 쌍이 정해진 형식에 따라 파트너를 바꾸어 가면서 우아한 세부 동작을 반복하는 이 춤은, 아일랜드의 전역에서 100년 이상 동안 사랑을 받았다. 그리고 각 지역에는 그 지역 고유의 '셋' 형식이 있었다. 이 춤은 나중에 이국적인 잔재를 모두 털어 내고, 아일랜드와 스코틀랜드의 토속적인 춤 전통을 모델로 해서 '케일리ceili(dh) 댄스'로 바뀌었다. 이 춤은 해외 이산離散 Diaspora 시기에 아일랜드의 전역에서 엄청난 인기를 누렸다.

아이리시 댄서들의 복장

'케일리'는 아일랜드어로 '음악과 춤으로 구성된 파티'를 의미한다. '케일리'가 열리면 모든 이웃 사람들이 모여 곡을 연주하고, 춤을 추며, 이야기를 나눈다. '케일리' 댄서들은 두 발로 마루를 때리면서 춤을 추는 것이 아니라, 두 발과 다리를 내뻗으면서 발끝으로 춤을 춘다.

아일랜드의 전통춤에는 엄격한 복식服飾이 뒤따른다. 여성들은 복잡하게 수繡가 놓인 초록색 드레스에 망토를 걸쳐 입고, 무용 슈즈shoes와 흰 양말을 신는다. 남성들은 킬트(kilt: 짧은 스커트), 재킷jacket, 그리고 망토를 입는다. 근래 들어 여성들의 복장은 더욱 정교해졌지만, 남성들의 복장은 셔츠와 바지로 단순화되었다.

아일랜드와 영국 전역에 있는 아일랜드 소녀들은 '아데쉬Ard Fheis'라는 춤 경연대회에 참가하여 기량을 겨룬다. 이러한 경연대회는 아일랜드 전역에 수백 개가 있는데, 여기에서 중요한 심사 항목은 선수들의 현란하고 복잡한 발동작이다. 최근에 탭댄스 챔피언 마이클 플래틀리Michael Flateley가 전통적 춤사위를 보다 매혹적인 방식으로 변형시킴으로써 많은 이들이 아이리시 탭댄스의 매력 속으로 빠져들고 있다.

아일랜드의 전통춤은 최근 들어 브로드웨이와 접목함으로써 <리버댄스

Riverdance>, <로드 오브 댄스Lord of the Dance>, <스피릿 오브 댄스Spirit of the Dance>, <블랙 47Black 47>, <겔포스 댄스Gaelforce Dance> 등의 대형 쇼로 거듭남과 동시에 상업화에도 성공을 거두어 엄청난 호응을 불러일으키고 있다.

마이클 플래틀리가 창안한 '리버댄스(일설에 의하면 아일랜드에서 가장 긴 강인 섀넌강에서의 자살 행위를 의미한다고도 하며, 물방울 하나하나가 모여 강을 이루면서 바다로 도달하는 과정을 형상화했다고도 한다)'는 아일랜드에서 기원한 전통문화가 한 줄기 강물을 이루어 세계라는 바다에서 다른 강물들과 하나로 섞인 뒤, 다시 빗방울이 되어서 아일랜드로 돌아가 새로운 정체성을 구성하는 과정을 춤과 음악, 그리고 노래로 형상화한 것이다. 그런 의미에서 이 춤은 아일랜드 전통문화의 종합선물이자 그와 유사한 민속예술에 대한 문화 인류적 성찰이 가미된 퓨전 음식이다(권재현).

이 춤은 1994년 더블린에서 개최된 '유로비전 노래 경연대회'의 막간 시간에 처음 공연된 이래 지금까지 2,200만 관객을 끌어모았다. 이 공연이 큰 성공을 거두자 수많은 아류 쇼들이 생겨났으며, 한동안 침체되었던 무용계에 활력을 다시 불어넣었다. 이렇듯 전통춤이 시대에 맞게 변모되고 있지만, 세계 전역에 흩어져 있는 아이리시 이민 사회에서는 지금도 모국 문화의 전통을 지켜내려는 노력이 계속되고 있다.

리버댄스 장면

아일랜드의 회화

아일랜드의 회화는 문학이나 음악만큼의 좋은 평가는 받아오지 못했지만, 회화의 긴 역사는 초기 기독교 시대의 채색필사본 복음서 '북 오브 켈스'까지 소급해 올라간다. 여기서는 18세기 이후의 주요 화가들만을 다룬다.

제임스 말톤James Malton, 1761~1803은 조각가, 제도가, 수채화가로서 18세기 더블린의 모습을 화폭에 담았으며, 로데릭 오코너Roderic O'Conor, 1861~1940는 18세기 유럽의 화가들처럼 초상화와 풍경화를 주로 그렸다. 그는 퐁타방파(École de Pont-Aven: 1886년 퐁타방[Pont-Aven] 마을에 찾아온 고갱[Paul Gauguin, 1848~1903]을 중심으로 일군의 젊은 미술가 그룹이 생겨났는데, 이 그룹을 퐁타방파라고 부름)의 일원으로 1892년 프랑스 브르타뉴Brittany의 퐁타방에서 폴 고갱 등의 예술가 그룹과 교류했다. 따라서 그의 그림은 색채의 강렬한 사용과 힘 있는 붓놀림에 있어서 인상파와 후기 인상파적 면모를 보여준다. 이들 외에도 19세기의 저명한 풍경 화가로는 더블린 출신의 제임스 오코너James Arthur O' Connor, 1792~1841가 있다.

잭 버틀러 예이츠Jack Butler Yeats, 1871~1957는 아일랜드의 민족주의 시인 윌리엄 버틀러 예이츠의 동생이자 아일랜드의 대표적 화가이다. 그는 유년 시절의 고향 슬라이고Sligo에서 대부분의 작품을 그렸을 만큼 고향에 대한 애착이 강한 사람이었다. 초기에는 주로 신문과 잡지에 필요한 삽화를 그리다가 이후 아일랜드의 독립투쟁 시기를 거치면서 자기 특유의 작품 스타일을 구축했다. 그는 슬라이고를 배경으로 풍경, 동물, 마을 사람 등 사실에 기반을 둔 작품들을 많이 남겼지만, 작품이 주는 느낌은 다소 상징적이다. 후기 작품에서는 주제는 애국적인 것을, 스타일은 표현주의적expressionistic인 것을 지향했다.

잭 예이츠의 그림, 〈기다림(Waiting)〉

해리 클라크Harry Clarke, 1889~1931와 마이클 힐리Michael Healy, 1873~1941는 아일랜드의 대표적인 스테인 글라스stained glass 화가이다. 클라크는 아르누보(Art Nouveau: 새로운 예술)와 상징주의의 영향을 받아 스타일과 비전에 있어서 현대성을 띠지만, 힐리는 형식과 영감에 있어서 인간과 환경에 의존했기 때문에 스타일과 비전이 단순하고 소박한 것이 특징이다.

아일랜드 입체파 화가cubist painter의 창시자로는 매인니 젤리트Mainie Jellett, 1896~1943와 그녀의 친구 에비 혼Evie Hone, 1894~1955이 있다. 이들은 현대 아일랜드 회화의 혁신가이자 추상파 미술의 선구자로, 후대의 화가들에게 많은 영향을 미쳤다.

더블린에서 윌리엄 오르펜William Orpen과 월터 오스본Walter Osborne의 수제자로 수련을 쌓은 에스텔라 솔로몬스Estella Solomons, 1882~1968는 당대의 저명한 초상화가이자 풍경화가였으며, 벨파스트 출신의 화가 폴 헨리Paul Henry, 1876~1958와 신 키팅Sean Keating, 1889~1977은 대조적인 화풍을 선보였다. 헨리가 아일랜드의 서부 코네마라 Connemara 지역의 산, 시골 농가, 늪지 등의 원초적 자연 풍경을 화폭에 담았다면, 키팅은 아일랜드의 독립투쟁과 정치적 문제를 소재로 그림을 그렸다.

아일랜드의 현대 회화는 오늘날 아일랜드가 직면하고 있는 정치적·사회적 문제와 환경문제를 다루고 있다. 구체적인 주제로는 일상생활에서 교회의 위치와 역할, 시골 개발의 영향, 사회에서 여성의 역할 변화, 북아일랜드 사태 등이다.

북아일랜드 분쟁지역(벨파스트의 서쪽과 런던데리)의 건물이나 벽에 그려져 있는 각 진영(신교 연합론자, 가톨릭 공화주의자)의 벽화mural는 파란만장한 북아일랜드의 역사, 정치적 문제, 특히 독립운동의 순교자나 영웅들에 대한 산증인이다. 하지만 요즈음에는 이러한 사건이나 인물들보다는 중립적 성격의 인물들(지역 영웅, 축구 선수, 작가 등)로 교체하려는 경향이 있다.

오늘날 남아일랜드에서는 화가들의 자유로운 창작 활동을 존중하고 지원하는 풍토가 조성 중이다. 따라서 미술품의 판매에 대해서는 세금이 부과되지 않는다. 이는 많은 화가가 아일랜드에 이민을 신청하는 이유 중 하나가 되고 있다.

북아일랜드 분쟁지역의 벽에 그려져 있는 벽화

아일랜드의 영화

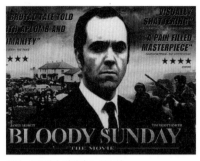

영화 ≪블러디 선데이≫ 포스터

아일랜드는 오래전부터 전 세계 영화 제작 자들과 배우들의 관심을 끌어왔고, 변화무쌍한 날씨, 문명에 때 묻지 않은 자연경관, 수난의 역사, 북아일랜드 사태 등은 각종 영화의 주요 주제나 소재로 다루어져 왔다. 특히, 변화무쌍한 날씨와 아일랜드 고유의 자연 생태계는 최적의 로케이션location을 제 공해왔다. 최근 들어 더블린과 벨파스트의 거리는 물론 아일랜드 전역이 영화 촬영 인파들로 매일 북적이고 있다.

아일랜드를 로케이션으로 활용했거나, 아일랜드를 주제나 소재로 다룬 주요 영화들은 다음과 같다.

≪말 없는 사나이The Quite Man, 1952≫
≪모비 딕Moby Dick, 1956≫
≪라이언의 딸Ryan's Daughter, 1970≫
≪리타 길들이기Educating Rita, 1983≫
≪나의 왼발My Left Foot, 1989≫
≪커미트먼트The Commitments, 1991≫
≪파 앤드 어웨이Far and Away, 1992≫
≪크라잉 게임The Crying Game, 1992≫
≪아버지의 이름으로In the Name of the Father, 1993≫
≪브레이브 하트Brave Heart, 1995≫
≪마이클 콜린스Michael Collins, 1996≫
≪루나사에서 춤을Dancing at Lughnasa, 1998≫
≪안젤라스 애쉬스Angela's Ashes, 1999≫

≪갱스 오브 뉴욕Gangs of New York, 2002≫

≪이탈리안 잡The Italian Job, 2003≫

≪보리밭을 흔드는 바람The Wind that Shakes the Barley, 2006≫

≪원스Once, 2007≫

≪프로포즈 데이Leap Year, 2010≫

아일랜드의 스포츠

아일랜드인의 스포츠에 대한 관심과 사랑은 거의 종교적이라 할 만큼 그들 영혼 깊숙이 자리하기 때문에 타의 추종을 불허한다. 또한, 그들은 스포츠 애호가이기 때문에 스포츠에 몸소 참여하든 아니면 단지 관중으로 머물던 똑같이 스포츠에 열광한다. 여기서는 몇몇 아일랜드 고유의 스포츠에 관해서만 다룬다.

19세기 후반 '아일랜드 문예부흥운동The Gaelic Revival Movement'이 한창 무르익어 갈 무렵, 이 운동의 일환으로 1884년 티퍼레리 주州 설레즈에서 '게일운동협회Gaelic Athletic Association, GAA'가 창설되었다.

당시 아일랜드의 스포츠계는 부유한 영국계 아일랜드인이 좌지우지했으며, 크리켓cricket, 럭비rugby, 하키hockey, 축구football 등의 영국 경기들만이 행해지고 있었다. 더구나 가난한 가톨릭교도에게는 모든 스포츠가 금지되어 있었다. 따라서 '게일운동협회'는 아일랜드의 전통 스포츠를 부활·장려·보존하기 위한 목적으로 설립되었으며, 게일 축구Gaelic Football, 헐링Hurling, 카모기(Camogie: 여성에게 적합하도록 변형된 헐링) 등의 경기 규칙도 만들어냈다.

게일 축구와 헐링은 게일 스포츠(아일랜드 전통 스포츠)의 진수이자 가장 인기 있는 국민 스포츠로, 빠르고, 거칠며, 공격적인 것이 특징이다.

게일 축구는 아일랜드의 전통 구기이자 국기國技로, 축구와 럭비를 합쳐 놓은 듯한 경기이다. 각 팀은 골키퍼를 포함하여 15명으로 구성된다. 필드와 공은 축구와 비슷하지만, 축구와 다른 점은 손을 쓸 수 있다는 것이다.

골대는 럭비 골대와 유사하며, 골문 안으로 공을 발이나 손으로 쳐서 넣으면 골(3점)이 되고, 바bar와 바 사이의 골대 위로 넘기면 포인트(1점)를 획득하게 되는데, 3포인트는 1골과 같다.

헐링은 보호 장비를 갖추고 나무 스틱과 공을 이용하는 거친 하키의 일종이다. 이는 아주 오래전부터 아일랜드에서 행해져 온 게임이며, 필드하키의 원조라 할 수 있다. 영국에서도 오래전부터 하키와 비슷한 경기가 성행했는데, 아일랜드에서는 헐리(hurley: 아일랜드어로는 'caman'), 스코틀랜드에서는 신티shinty, 잉글랜드에서는 밴디bandy로 불렸다. 19세기 중엽 이 경기들이 통합되어 필드하키가 되었고, 나무 재질의 스틱으로 공을 쳐서 골문에 넣는 경기로 규칙이 정비되었다. 각 팀은 15명의 선수로 구성되며, 스틱으로 공을 쳐서 상대편 가로대를 넘기면 1점을, 상대편 가로대 아래로 밀어 넣으면 3점을 획득한다. 한편, 여성에게 적합하도록 변형된 헐링은 '카모기'라고 한다.

게일 축구와 헐링은 각 시市와 주州 단위의 클럽을 네트워크로 해서, '게일운동협회'의 후원으로 전국에서 행해지는 스포츠이다. 가장 중요한 경기는 주 단위로 개최

헐링 경기 모습

되며, 각 클럽 소속 선수들의 꿈은 주州 대표 선수가 되는 것이다. 아일랜드 4개 지역(렌스터, 얼스터, 코노트, 먼스터) 소속의 주州 단위 우승팀은 매해 9월 더블린 크로크 파크Croke Park 경기장에서 개최되는 '전국 아일랜드 최종전All-Ireland Final'에서 우승팀을 가린다.

럭비는 전통적으로 아일랜드 중산층의 스포츠로 대변되어왔다. 따라서 아일랜드가 국제대회에서 경기를 벌일 때면 전 국민이 텔레비전 앞에서 시선을 띠지 못한다. 아일랜드 럭비팀은 남아일랜드와 북아일랜드 선수들로 구성되며, 럭비의 하이라이트는 럭비 시즌인 1월과 3월 사이 유럽 6개국(아일랜드, 잉글랜드, 스코틀랜드, 웨일스, 프랑스, 이탈리아) 팀들이 펼치는 챔피언 쟁탈전이다. 아일랜드는 연합왕국(영국) 4개국(아일랜드, 잉글랜드, 스코틀랜드, 웨일스)이 치루는 경기에서 여섯 차례나 '삼관왕(Triple Crown: 주최국의 전통으로 연합왕국 4개국 간 경기에서 모든 경기를 승리한 팀에게 주는 트로피)'을 달성한 전적이 있다.

아일랜드의 코크Cork와 아마Armagh 지역에서 성행하는 로드 볼링Road Bowling은 현지인들에게 미국인들의 야구경기처럼 인기 있는 스포츠이다. 이 경기는 시골의 한적한 도로 일부에 페인트로 시작점과 결승점(대략 1~2km 거리)을 표시한 뒤, 800그램 무게의 쇠공을 던져 승자를 가리는 것으로, 가장 적은 횟수의 공을 던진 사람이 승자가 된다. 오늘날 미국, 독일, 네덜란드 등지에서도 흥행하고 있으며, 세계 챔피언십 경기도 시행되고 있다.

지금까지 언급한 종목 외에도 아일랜드인이 즐기는 스포츠로는 축구football, soccer, 경마horse racing, 개 경주greyhound racing, dog racing, 골프golf, 낚시fishing 등이 있다.

아일랜드의 언론

신문과 잡지　아일랜드에는 여섯 개의 전국 단위 일간지와 다섯 개의 선데이 신문이 있다. 대표적 고급지(quality newspaper: 교육받은 지식인을 위한 신문) 일간지로는 「아이리시 타임스The Irish Times」, 「아이리시 인디펜던트The Irish Independent」, 「이그제미너The Examiner」

아일랜드 신문들

등이 있고, 타블로이드판 일간지로는 「아이리시 선The Irish Sun」, 「더 스타The Star」 등이 있으며, 선데이 신문으로는 「선데이 트리뷴Sunday Tribune」, 「선데이 인디펜던트Sunday Independent」, 「더 타이틀The Title」 등이 있다.

한편, 북아일랜드의 신문으로는 「벨파스트 텔레그래프The Belfast Telegraph」, 「뉴스레터The Newsletter」, 「아이리시 뉴스The Irish News」 등이 있다.

잡지로는 『인 더블린In Dublin』, 『핫 프레스Hot Press』, 『북스 아일랜드Books Ireland』, 『필름 아일랜드Film Ireland』, 『히스토리 아일랜드History Ireland』, 『바이 앤 셀Buy and Sell』 등이 있다.

텔레비전과 라디오　'아일랜드 방송 협회(Raidio Teilifis Eireann, RTE)'는 4개의 방송 채널을 운영하고 있는데, RTE1과 RTE2(Network2)는 영어 방송 채널이고, TG4는 아일랜드어(게일어) 방송 채널이며, TV3는 상업 방송 채널이다. 한편, 북아일랜드의 시청자들은 BBC TV, ITV, Ulster TV, Channel4, Channel5 방송 등을 시청하지만, 남아일랜드 사람들도 유선으로 영국 주요 방송들을 시청할 수 있다.

최근 들어 아일랜드의 케이블 TV 운영업체 NTL(National Transcommunications Limited)과 영국의 위성 TV 운영업체 Sky(British Sky Broadcasting Group)가 차세대 홈 엔터테인먼트 시스템을 구축하여 서비스를 개시함으로써 채널의 다변화에 일조하고 있다.

아일랜드인은 라디오 애호가라서 전 국민의 85%가 라디오를 청취한다. TV보다 역사가 긴 라디오는 더블린에서는 1926년에, 코크 지역에서는 1927년에 첫 방송이 송출되었으며, 1933년 이후에는 아일랜드 전역에서 라디오 방송을 청취할 수 있다(이동진 220). 영어로 방송되는 국영방송RTE 채널로는 Radio1(뉴스와 토크쇼 방송), Radio2(일상생활사와 음악 방송), Lyric FM(FM3: 클래식 음악 방송) 등이 있으며, Radio na Gaeltachta는 아일랜드어(게일어) 방송 채널이다. 이밖에도 수많은 지방방송 채널들이 있으며, 북아일랜드에서는 BBC 라디오 방송을 청취한다.

아일랜드의 정치와 교육

남아일랜드의 정치

남아일랜드는 성문 헌법과 양원제 의회Oireachtas 두고 있는 의회 민주주의 국가이다. 상원Seanad Eireann은 총 60명의 의원으로 구성된다. 이 중에서 49명은 대학과 5개의 직능단체에 의해 선출되고, 11명은 총리(Taoiseach: 발음은 '티쉑')가 지명한다. 하원Dail Eireann 은 복잡한 형태의 비례대표제에 따라 선출되는 166명의 의원으로 구성된다.

선거는 5년마다 치러지며, 주요 안건은 국민투표로 결정된다. 대통령은 7년마다 직접 선거로 선출되며, 국가의 행정에 관해서는 실권이 없다. 행정과 내각에 대한 실권은 대통령이 형식적으로 임명하는 총리에게 있다. 대통령은 단지 군 통수권자의 역할과 대사에게 신임장을 수여하는 일, 그리고 의례적인 임무만을 수행한다.

남아일랜드의 정당제도는 분할 통치로 인해 내란이 시작된 1921년부터 1980년대에 이르기까지, '피어나 포일당'과 '피네 게일당'이 서로 대립하면서 주류를 형성해왔다. 이 두 정당은 그들이 지지하는 이념에 의해서가 아니라, 그들의 조상이 내란 동안 사수하려 했던 명분(아일랜드의 독립에 관한 조약을 찬성하느냐 반대하느냐의 여부)에 의해 구분된다. 하지만 가장 오래된 정당은 노동운동가였던 제임스 라킨James Larkin의 전통을 이어가는 '노동당The Labour Party'이다. 1980년대 이후에는 '민주 진보당The Progressive Democrats'과 '민주 좌파당The Democratic Left'이 출현하여, 자기들보다 의석을 많이 가진 정당과의 연합을 통해 연립정부를 구성해 오고 있다.

북아일랜드의 정치

북아일랜드 사태는 1960년대 이래로 아일랜드섬 전체를 끊임없이 괴롭혀온 문제이다. 북아일랜드 주민의 2/3는 스코틀랜드와 영국에서 건너온 신교도로, 이들은 남아일랜드와의 통일을 원치 않으며 끝까지 영국의 일부로 남기를 원한다. 반면에 토착 가톨릭교도는 남아일랜드와 통일을 이룸으로써 영국으로부터 완전한 독립을 쟁취하고자 한다. 사태를 더욱 어렵게 하는 것은, 남아일랜드나 북아일랜드 사람 모두가 아일랜드의 여권을 소지한다는 것이며, 아일랜드 국민은 누구든지 영국의 시민권을 갖는다는 점이다.

북아일랜드 사태는 1969년에 점화된 이후, 1972년의 '피의 일요일' 사건, 1985년의 '앵글로-아이리시 협정', 1998년의 '성 금요일 협정', 2007년의 '공동자치정부', 2010년 영국 정부에 의한 '사법권 및 경찰권의 이양에 이르기까지 수많은 유혈 충돌을 빚어 왔다. 이제 북아일랜드에는 진정한 평화가 서서히 깃들고 있으며, 더 나은 미래의 서광이 비치고 있다.

현재 북아일랜드의 문제에 대한 해결책은 다음과 같이 세 가지로 제시되고 있다. 첫째는 현상 유지이고, 둘째는 통일이다. 마지막은 영국 및 아일랜드 공화국과 관련이 없는 독립적인 정체政體의 구성인데, 이 마지막 방안이 사실은 영국이나 아일랜드가 암암리에 원하는 해법이다(박지향). 하지만 향후 국민투표를 시행하여 영국으로부터 완전히 독립한 뒤, 아일랜드 공화국과의 통일을 주장하는 목소리도 여전히 존재하고 있다.

북아일랜드에는 12개의 정당이 있는데, 이 중에서 다섯 개의 정당이 주류를 형성하고 있다. 온건파 정당으로는 '사회민주노동당The Social Democratic and Labour Party,

SDLP'과 '동맹당The Alliance Party'이 있는데, 이들은 가톨릭과 신교의 화합을 목표로 하고 있다. '사회민주노동당'은 1970년에 가톨릭 연합의 지도자였던 게리 피트Gerry Fitt 와 당시 선생이었던 존 흄John Hume이 창당했다. 이 정당은 가톨릭 중산층의 이상理想을 대변하며 정치적 목적을 이루기 위해 폭력을 사용하는 것을 반대한다. 이 정당은 지금 '신페인당'과 경쟁하고 있다. '동맹당'은 종파를 초월한 양 집단(가톨릭교도와 신교도 중산층)의 이상을 대변하기 위해 1970년에 창당되었으며, '북아일랜드 새 의회The New Northern Ireland Assembly'에는 의석을 갖고 있지만, 웨스트민스터에는 의석이 없다.

연합론자의 민의民意를 대변하는 '얼스터연합당The Ulster Unionist Party, UUP'은 아일랜드의 분할 통치가 시작된 이래로 1972년에 스토몬트 의회가 문을 닫을 때까지 집권했다. 이 당의 당수인 데이비드 트림블은 북아일랜드의 자치의회 의장과 초대 수석행정장관을 지냈으며, 아일랜드의 평화협정 체결에 주도적 역할을 한 공로로 1998년 존 흄과 공동으로 노벨평화상을 수상했다. '신페인당'은 아일랜드공화군IRA 과 가톨릭 공화당원의 정치적 목적을 실현하기 위한 정당으로, '사회민주노동당'의 정강政綱으로부터 발판을 마련했다. 이언 페이슬리 당수가 이끄는 '민주연합당The Democratic Unionist Party, DUP'은 아일랜드의 통일을 반대하는 반공화주의를 강하게 표방함으로써, 북아일랜드의 주민들로부터 많은 지지를 받고 있다.

'북아일랜드 새 의회'는 비례대표제에 따라 선출되는 108명의 의원으로 구성된다. 또한, 12명의 행정장관은 선거로 확보한 의석수에 비례하여 할당된다. 현재는 민주연합당 5명, 신페인당 4명, 얼스터연합당 2명, 사회민주노동당에 1명이 배분된 상태이다.

아일랜드의 교육

아일랜드인의 삶에서 교육은 종교 다음으로 중요하다. 아일랜드에서 교육기관의 대부분은 종교 단체가 운영하는데, 주로 가톨릭교회가 교육의 공급자 역할을 하고 있다. 가톨릭교회는 남아일랜드와 북아일랜드에서 3,500여 개의 초등학교와 800여 개의 중등학교에 다니는 65만 명의 교육을 책임지고 있다.

남아일랜드는 학생들이 3차 교육기관까지 계속 공부할 수 있도록, 교육을 장려하고 보장해주는 경쟁력 있는 교육 시스템을 운영하고 있다. 또한, 6세부터 15세까지는 의무교육을 시행하고 있다. 초등교육은 5세부터 12세까지, 그리고 중등교육은 12세부터 16세까지 이루어진다. 15세가 되면 학생들은 '중등교육 수료증Junior Certificate'을 따기 위해 첫 번째 국가시험을 치른다. 이 시험의 결과에 따라 상급학교로의 진학 여부가 결정된다. 이 단계를 마지막으로 학교를 떠날 수도 있지만, 그렇게 하는 학생은 거의 없다. 17세가 되면 '졸업장Leaving Certificate'을 얻기 위해 두 번째 국가시험을 치른다. 이 시험의 결과에 따라 3차 교육기관으로의 진학 여부가 결정된다. 모든 학생은 졸업장을 취득할 때까지 필수과목으로 아일랜드어(게일어)를 공부해야 한다. 아일랜드어 시험은 강제가 아니지만, 대학에 들어가거나 공직에 취업하기 위해서는 이 시험에 합격하는 것이 필수이다. 교사 봉급의 95%는 정부가 충당하며, 보육원은 주로 사립으로 운영된다.

6세가 되면 아이들은 초등학교에 입학한다. 대부분의 초등학교는 가톨릭교회가 운영하지만, 신교도 학생들을 위해서 개신교회가 학교를 운영하기도 한다. 이 두 종파와 관계가 없는 아이들은 아무 학교나 다니면 된다. 정부는 각 종파의 학교에 다니는 아이들을 위해 교통수단을 제공해야 한다.

12~13세가 되면 아이들은 중등학교로 진학을 하는데, 중등학교 역시 종교적 색채가 강하다. 이 단계에서는 신교 학교가 더욱 드물어 각 종파의 아이들이 한 교실에 섞이는 현상이 종종 발생한다. 중등학교는 학생들에게 두 가지 유형의 교육 기회를 제공한다. 직업학교는 보다 실용적인 강좌를 통해 직업과 관련된 교육을 하기 때문에 학문적 성격이 덜하다. 반면에 일반 중등학교는 학문적 성격이 강하다. 대략 60%의 학생들이 일반 중등학교에 다니고 있다. 하지만 대부분의 경우, 직업학교가 더 좋은 교사를 확보하고 있으며, 또한 우수한 교육용 기자재도 갖추고 있어서 유능한 학생들이 더 많이 모여드는 경향이 있다. 이밖에도 '종합 학교Comprehensive School'와 '지역 학

교Community School'가 있다. '지역 학교'는 넓은 초록의 부지에 두 개의 작은 학교가 병합된 형태로서, 종교적 색채가 덜하고 규모가 큰 것이 특징이다.

우리나라가 벤치마킹하여 2016년부터 시행하고 있는 '자유학기제'의 원조는 아일랜드가 1974년부터 도입하고 있는 '전환학년제Transition Year System'이다. 아일랜드의 중등학교는 5년 과정이다. 전환학년제는 중등학교 3년 과정을 마치고 바로 4학년으로 진입하는 대신 1년간 시험의 부담에서 벗어나 다양한 경험을 할 수 있도록 여유를 주자는 제도이다. '전환학년 프로그램'은 개별 학교가 지역사회와 협력하여 짜기 때문에 매우 다양한 형태로 운영된다. 따라서 전환학년 동안에 학생들은 주입식·암기식 교육에서 벗어나, 외국어를 배우거나 창업 및 좋아하는 분야를 찾는 등 이제껏 미처 체험해보지 못한 경험을 하면서, 사회 구성원으로서 성숙해가는 과정을 거치게 된다. 현재는 아일랜드에 있는 700개의 중등학교 중 75%가 교내외 현장 수업으로 운영하는 '전환학년 프로그램'에 자발적으로 참여하고 있다.

전환학년제 Transition Year System

아일랜드의 학제는 유치원 2년 → 초등학교 6년 → 중등학교 5년이다. 아일랜드의 학생들은 중등 3학년 과정을 마치고 한국의 연합고사에 해당하는 '중등학력인증시험'을 친다. 하지만 곧바로 중등학교 4학년이 되는 대신 1년 동안 다양한 실습과 직업체험을 통해 학생 스스로 앞길을 정하는 것이 '전환학년제'이다. 5년이면 졸업할 중등학교를 6년에 걸쳐 마치는 대신, 서른이 다 돼서도 "내가 도대체 뭘 하고 싶은지 나도 잘 모르겠다"고 헤매는 상황을 줄일 수 있다는 장점이 있다. 아일랜드는 이 제도를 1974년에 처음 도입했다. 첫 20년 동안은 참가자가 10% 안팎에 머물렀다. 하지만 최근 들어 전환학년을 거친 학생들이 그렇지 않은 학생들보다 대학도 잘 가고 사회 적응도 잘한다는 연구 결과가 속속 나오고 있다. 현재는 10명 중 7명이 전환학년 프로그램을 선택한다. 2000년부터는 아일랜드의 교육부가 전담부서를 두고 운영해오고 있다.

아일랜드의 학생들은 어떻게 진로를 정하나?

┌───┐
│ 중등학교 3학년 과정을 마친 뒤 → 전환학년 선택 가능 │
└───┘

① 정규 과목은 필수과목만 토론식 수업

② 다양한 미니 강좌

    – 요리, 목공, 광고 제작, 창업 등 실습

    – 저개발국, 빈민촌 봉사 등

    – 뮤지컬 제작 등 예체능 강좌

③ 1년간 두 차례 이상 직업 체험

┌─────────────────────────────────┐
│ 중등학교 4~5학년 마친 뒤 → 대학 진학 │
└─────────────────────────────────┘

    2016년도부터 시행되고 있는 우리나라의 '자유학기제'는 아일랜드의 '전환학년제'를 벤치마킹한 것이다. 이는 학생들이 중학교 때 한 학기 동안만이라도 시험에 대한 부담 없이 자신의 꿈과 끼를 찾는 진로 탐색의 기회를 가져야 한다는 취지에서 마련된 정책이다. 이는 1974년 당시 아일랜드의 교육부 장관이 "시험의 압박으로부터 학생들을 해방시키고 폭넓은 학습경험을 유도하겠다"는 취지로 도입한 아일랜드의 전환학년제와 아주 비슷한 제도이다. 다만 우리나라의 자유학기제가 중학교 6개 학기 중 단지 한 학기만 운영되는 정규 교육과정의 모델인 반면, 전환학년제는 진로 탐색을 위해 학생들이 추가로 1년을 학교에 더 다니게 한다는 점에서 차이가 있다. 2016년도부터 우리나라 전국 3,210개 중학교 1학년(일부 2학년) 학생들은 한 학기 동안 중간·기말시험을 치지 않고, 직업체험, 예술, 과학, 실험 등의 다양한 활동을 하는 자유학기제를 체험하고 있다.

───────

    아일랜드에서는 중등학교 졸업생의 절반 정도가 대학에 진학하며, 대학에서는 10명 중 6명이 경영학, 공학, 과학, 전산학 등을 전공한다.

    남아일랜드의 주요 대학으로는 '트리니티대학Trinity College Dublin, TCD' '유니버스티 칼리지University College Dublin, UCD', '국립 아일랜드대학National University of Ireland', '더블린 시티 유니버스티Dublin City University', '리머릭대학University of Limerick', '코크대학University College Cork' 등이 있다.

트리니티대학

아일랜드에는 무상으로 교육을 제공하는 공립학교 외에도 지명도가 높고 학비가 비싼 다양한 종류의 사립학교들이 있다. 그중에 가장 명문으로 꼽히는 곳은, 저명한 정치가와 예술가들을 배출한 '클론고우즈 우드 칼리지Clongowes Wood College'이다. 대부분의 사립학교는 종단宗團에 의해 운영되며, 남녀공학이 아니다(이동진 299-301).

북아일랜드의 교육제도는 영국과 동일하다. 의무교육은 5세부터 16세까지이며, 대학에 진학하기 위해서는 15~16세 때 '대학입학자격시험General Certificate of Secondary Education, GCSE'을 치르고, 이어서 18세 무렵에는 'A 레벨Advanced Level 시험'을 통과해야만 한다. 북아일랜드의 교육은 영국과 다르게 종파적 특성이 강하다. 또한, 개신교회에서 운영하는 학교가 압도적으로 많으며, 신교 학생과 가톨릭 학생이 함께 공부하는 경우는 거의 없다. 북아일랜드의 공립학교는 모두 신교 학교이며, 가톨릭교회는 자신들의 학교 운영을 위해 지원금을 받는다. 한편, 두 종파의 학생들이 함께 공부하는 '통합 학교Integrated School'가 있는데, 학생 숫자의 4%인 1만 4,000여 명 정도가 이 학교에 다닌다. 북아일랜드에서는 1992년까지 아일랜드어를 가르치는 학교가 하나도 없었지만(공화주의자들과의 관련 때문에), 지금은 몇몇 독립학교에서 아일랜드어를 가르치고 있다.

북아일랜드의 주요 대학으로는 '퀸스대학교Queen's University of Belfast'와 '얼스터대학교University of Ulster' 등이 있는데, 북아일랜드의 학생들은 영국 본토에 있는 대학보다는 이들 대학으로 진학하려는 경향이 있다. 북아일랜드의 젊은이들은 바로 이곳 대학에서, 이제까지 서로 분리되어 교육받았던 상대 교파의 젊은이들과 처음으로 어울리게 된다.

아일랜드의 경제

2004년 영국의 경제전문지 『이코노미스트*The Economist*』가 세계 111개 나라 가운데 '세계에서 가장 살기 좋은 나라'로 선정한 곳은, 초강대국 미국도 아니고 유럽의 선진국도 아닌 유럽 변방의 작은 나라 아일랜드였다. 아일랜드는 정치, 경제, 사회, 문화, 복지 등 모든 분야에서 고르게 좋은 평가를 받아 삶의 질이 가장 높은 나라로 꼽혔다.

　　아일랜드는 전통적으로 감자 재배와 목축 등의 낙후된 산업 구조와 영국으로부터 750년 동안 식민통치를 받으면서 쇠약해질 대로 쇠약해진 국력 때문에, 늘 '서유럽의 환자'로 놀림을 받아왔다. 19세기 중반 아일랜드 인구는 대략 800만 정도였다. 하지만 1845년부터 7년 동안 지속된 대기근의 여파로 100만 명이 넘는 인구가 굶어 죽었고, 또 100만 명 이상은 살길을 찾아 영원히 아일랜드 땅을 떠났다. 그 이후에도 인구는 계속 줄어 1960년대에는 300만 명을 밑돌았다. 수많은 아일랜드인이 가난 때문에 일자리와 먹을 것을 찾아 해외로 이주했다. 또한, 아일랜드는 1970년대 초반까지 유럽에서 가장 폐쇄되고 못사는 농업 국가였다(전체 국민의 1/4이 농업에 종사함). 극심한 노사분규의 여파로 1980년대 초 실업률은 17%, 물가 상승률은 20%

를 웃돌았다. 아일랜드의 수도에 있는 더블린 공항은 대학을 졸업해도 일자리를 구할 수 없어 '구직 이민'을 떠나는 젊은이들로 늘 북새통을 이뤘다.

하지만 1990년대 중반부터 그랬던 아일랜드에 이민 행렬이 멈추고, 떠났던 사람들이 속속 되돌아오고 있다. 최근의 이민자 가운데 절반가량이 역逆이민자이다. 일자리를 찾아 외국인들도 몰려오고 있다. 바로 10년간의 고도성장 덕택이다. 경제 발전으로 인해 영국에게 구긴 자존심을 되찾고 있는 것이다. 한동안 '유럽의 지진아', '거지의 나라', '하얀 깜둥이의 나라' 등으로 불렸던 아일랜드가 최근 '작지만 강한 나라'로 부상했다. 거리를 오가는 사람들의 또렷한 눈빛과 활기찬 모습, 사라진 슬럼가와 깨끗해진 주택가, 곳곳에 들어선 최첨단 건물들, 더블린 오코넬 거리에 서 있는 120m 높이의 '더블린 스파이어(Dublin Spire: 아일랜드의 눈부신 경제성장과 아일랜드인의 기상을 상징하는 첨탑으로 2003년 1월 21일 완공됨)' 등은 새롭게 도약하고 있는 아일랜드의 기상을 보여준다. 제임스 조이스의 『더블린 사람들』에서 볼 수 있었던 무기력無氣力의 분위기는 사라진 지 오래다(주간조선 14).

더블린 스파이어

아일랜드의 경제성장은 초고속으로 진행되었다. 1988년에 1인당 국민소득 1만 달러를 달성한 이후, 1996년에 2만 달러, 2002년에 3만 달러, 2005년에는 4만 달러, 급기야 2007년에는 5만 달러를 돌파하는 기적을 이뤘다. 1987년에 유럽연합EU 평균치의 69%에 불과하던 1인당 국내 총생산GDP은 2003년에 136%로 치솟아 최고 부자富者의 나라가 되었다. 실업률은 1987년의 17%에서 2003년에는 4%로 떨어졌다. 국가 채무도 같은 기간 내에 GDP의 112%에서 33%로 감소했다. 경제협력개발기구(OECD)에 따르면 1990년대 10년 동안 아일랜드의 연간 GDP 성장률은 6.9%

를 유지했다. 지금은 비록 1990년대의 가파른 성장세가 둔화되긴 했지만, 여전히 OECD 평균치의 2배를 웃도는 4~5%대의 경제 성장률을 이어가고 있다.

성장의 동력은 관광업(현재 관광객 수는 연간 6백 50만 명에 달함)과 무역이며, 정보통신산업을 포함한 고부가가치 산업 육성 정책과, 이를 위한 적극적인 해외 자본 유치 정책이었다. 이를 위해 고급 인재 육성을 위한 교육 경쟁력 강화에 힘썼으며, 법인세를 12.5%로 대폭 인하하고, EU 보조금을 활용했다. 이로 인해 오늘날 아일랜드에는 인텔Intel, 와이스Wyeth, 델Dell, 컴팩Compaq, 애플Apple, 엑실Xsil, 화이자Pfizer, 글락소 스미스 클라인Glaxo Smith Kline, 쉐링Schering 등과 같은 소프트웨어, 반도체, 컴퓨터, 제약, 의학, 생명공학 분야에서 1,500개를 훨씬 넘는 다국적 기업들이 진출하여 15만 명 이상의 고용을 창출하고 있다. 그뿐만 아니라 외국계 기업이 아일랜드에서 창출한 일자리만도 2만여 개로 매년 최고치를 경신하고 있다.

또한, 인텔, 구글, 트위터, 애플, 페이스북, 마이크로소프트MS, IBM, 페이팔, 이베이, 화이자, 노바티스 등 다국적 기업이 아일랜드의 수도 더블린에 유럽 본부를 두고 있다. 아일랜드 정부는 전 세계 10대 소프트웨어 회사 중 9곳을 유치했다. 전 세계 10대 제약회사 중 9곳도 아일랜드에 투자했다. 최근에는 알파벳의 구글이 더블린에 3억 유로(약 4000억 원)를 투자한다고 밝혔고, 한국의 SK바이오텍 유치에도 성공했다(신은진).

아일랜드의 경제 회생 전략은 해외 자본 유치를 통한 경제 활성화였다. 따라서 세계에서 가장 낮은 수준의 법인세로 글로벌 기업들을 끌어들였다. 낮은 법인세율, 유로존 내 유일한 영어 사용국, 인구의 1/3이 25세 이하일 정도로 젊고 생산성이 높은 노동력에 더해, 로열티나 특허권 이용 수익에 대해서도 법인세나 소득세를 물지 않도록 하기 때문이다. 현재 아일랜드 국민이 받는 임금의 55% 이상이 외국 기업으로부터 나오고 있으며, 수출의 70% 이상을 외국 기업이 독점하고 있다.

이러한 배경에는 노사정 대화합을 위해 1987년부터 시행된 '사회연대협약Social Partnership'과 '국가재건프로그램Programme for National Recovery, PNR'이라는 탄탄한 기반이 있었기 때문이며, 아일랜드 기업진흥청Enterprise Ireland, EI과 아일랜드 산업개발청The Industrial Authority, IDA이 자국 기업의 육성과 외자 유치를 위해 총력을 기울였기 때문이다.

세상 사람들은 오늘날 아일랜드인이 경제 부문에서 이룬 성공 신화를 부러워하지만, 그 바탕에는 수난의 역사를 거치면서 피워낸 찬란한 문화를 통해 세계와 소통하고, 유연하고 열린 사고방식을 체화하게 된 아일랜드인 특유의 국민의식이 자리하고 있다는 사실을 유념해야 한다(송현옥).

'켈틱 타이거'로 불리는 아일랜드 성공 신화의 비결에는 여러 가지 요인이 있다. 그중 첫 번째는 '작은 정부 만들기'이다. 유럽중앙은행은 2006년의 OECD 국가들의 지출 개혁을 연구한 보고서에서 아일랜드를 가장 성공한 사례로 꼽았다. 찰스 호기Charles Haughey 총리(1979년부터 1992년까지 집권함)가 이끄는 아일랜드 정부는 야당의 지지를 등에 업고 공무원의 숫자, 임금, 연금, 차관, 세금 등을 줄여 재정 지출과 세금을 낮추는 파격적 정부 개혁을 단행했다. 노동 유연성 확보, 민영화 등 시장 친화적 개혁이 이어진 것도 정부의 이러한 모범이 있었기에 가능했다. 작은 정부의 역동성이 민간 부문의 활력과 삶의 질 향상으로 이어진 것이다(김순덕). 또한, 1999년부터 최초의 유로화 참가국 중 하나가 됨으로써 누리게 된 낮은 이자율도 아일랜드의 경제성장에 한몫을 톡톡히 했다.

두 번째는 노사정勞使政 대화합이다. 아일랜드는 1970년대부터 1980년대까지 이른바 '노조 공화국'이었다. 금융회사, 철도, 항만, 교원노조 할 것 없이 모두가 투쟁 일변도였다. 한해 파업 건수가 무려 200여 건에 달했다. 공장이 돌아가지 않는 날이 더 많았다. 아일랜드 경제의 종언終焉이 예고됐다. 외국 기업은 속속 아일랜드 땅을 떠났다. 1970년대 초에는 오일 쇼크까지 겹치자 경제는 완전히 망가졌다. 물가 상승률은 20%대까지 치솟고, 실업률은 17%에 달했다. 급기야 1987년에는 국가 채무가 GDP의 120%에 이르면서 국제통화기금International Monetary Fund, IMF으로부터 구제금융 지원까지 받았다.

마침내 위기의식을 공유한 노사정이 한자리에 모였다. 총리실 산하의 국가경제

사회위원회Nation Economic Social Council, NESC가 총대를 멨다. NESC는 임금 인상률을 3년 간 2.5%대로 묶고, 법인세 감면 폭을 대폭 확대하는 것을 골자로 하는 '국가재건 프로그램'을 내놓았다. 노조도 적극 지지하고 나섰다. 또한, 정치권도 동참했다. 드디어 지금까지 구국의 결단으로 칭송되고 있는 제1차 '사회연대협약Social Partnership'이 1987년 10월에 체결되었다.

노사정이 공동의 이익을 위해 손을 잡은 후, 아일랜드의 경제는 급속히 살아나기 시작했다. 1988년에는 1인당 국민소득 1만 달러를 돌파했고, 9년 뒤엔 2만 달러, 15년 뒤엔 3만 달러, 2000년대 중반에는 5만 달러를 넘어서는 국가로 도약했다. 아일랜드의 경제가 이처럼 짧은 기간 내에 성장할 수 있었던 것은, 한두 명의 정치인이나 관료가 영웅적 리더십을 발휘해서가 아니라, 위기의식을 공유한 노사정이 양보의 미덕으로 집단의 리더십을 발휘했기 때문이다.

2007년은 아일랜드를 살려낸 '사회연대협약이 출범한 지 20주년이 되는 해이자 협약이 일곱 번째로 갱신된 해(협약은 3년마다 갱신됨)였다. 이제 아일랜드의 노사정은 해를 거듭할수록 더욱 탄탄한 신뢰를 쌓아 가는 파트너로 거듭나고 있다. 재계 단체 경제인연합회의 오브라이언O'Brien 박사는, "이제 임금 인상뿐 아니라 10년 이상 장기적 영향을 미치는 주택, 환경, 노인복지, 사회간접자본 확충 같은 국가적 이슈도 노사정이 함께 논의할 수 있는 의제가 됐다'라고 말했다.

세 번째는 유럽연합EU의 보조금과 EU 단일 시장의 참여이다. 아일랜드는 1973년에 '유럽경제공동체(The European Economic Community, EEC: EU의 전신)'에 가입한 직후부터 보조금을 받아왔으나 이렇다 할 효과는 보지 못했다. 그러나 '마스트리히트 조약Maastricht Treaty'에 따라 1992년부터 확대 시행된 EU의 구조조정 기금(300억 유로)은 연구, 교육, 훈련, 산업발전, 인프라 확충, 재정의 건전성 유지, 통화 안정, 개방화 등에 많은 도움이 되었다. 이 보조금은 아일랜드 GDP의 채 5%도 되지 않았지만, 1990년대에 아일랜드의 경제 성장률을 매년 0.5%씩 높여 주는 효과가 있었다. 또한, EU 단일 시장의 참여는 아일랜드가 내부 투자를 늘리고 수출의 활로를 개척하

아일랜드 산업개발청(IDA) 건물 전경

는데 아주 요긴했다.

네 번째는 개방화와 외자 유치이다. IDA 홍보 담당관 브렌던 할핀이 "글로벌 경제 시대에 작은 나라가 경쟁력을 가지려면 유연하고 개방적이며, 실용적 사고방식을 갖춰야 한다"라고 강조한 것처럼, 아일랜드의 경제는 지금 세계에서 가장 개방화된 경제로 평가되며, 국민 대다수가 세계화는 위협이 아니라 기회라고 믿고 있다. 아일랜드는 1960년대까지만 해도 외국 기업 진출금지 법안을 만들 정도로 보수적인 나라였다. 그러나 "보호에서 개방으로 나아가라"는 ADL 컨설팅업체의 보고서가 국가의 노선을 바꾸었다. 아일랜드 정부는 ADL의 권고를 받아들여 IDA와 같은 외자 유치 전담기관을 세우고, 적극적인 외자 유치에 나섰다.

초창기에는 파격적인 대우를 했다. 외국 기업들에게 법인세를 면제해 주고, 고용 직원에 대한 훈련 보조금을 100%나 주었다. 또한, 빌딩을 5~10년 동안 무료로 사용하도록 했다. 이러한 노력에 힘입어 외국 기업이 속속 아일랜드로 몰려들었다.

지금은 혜택 요건이 많이 완화되긴 했지만, 여전히 유럽에서 가장 낮은 수준의 법인세, 25세 미만의 인구가 40%를 차지하는 젊은 노동력, 스위스 국제경영개발원International Institute for Management Development, IMD이 세계 최고라고 인정한 교육 시스템, 노사분규가 없는 정치·사회적 안정, 영어 사용국 등의 장점 때문에 여전히 투자의 매력을 유지하고 있다.

여기에 공무원의 철저한 사명의식이 한몫했다. IDA 관계자는 "외국 기업이 스코틀랜드를 비롯한 유럽 다른 지역을 선택해도 관계가 없지만, 만일 내가 충분한 정보를 전달하는 데 소홀했다는 사실이 밝혀지면 문책을 받는다"고 말한 바 있다. IDA의 '원 스톱 서비스'는 이미 고전이 됐다. 투자 신고부터 공장용지의 선정, 자금 조달, 자녀의 학교 문제 등 아일랜드에 진출하는 모든 외국 기업들을 적극 지원해준다.

또한, 아일랜드는 해외 금융자본의 유치에도 눈길을 돌렸다. 목표는 런던의 세계적 금융가인 '시티City'를 따라잡자는 것이다. 더블린 동쪽 리피 강변에 위치한 '국제금융서비스센터International Financial Services Center, IFSC' 건물에는 메릴린치, 시티뱅크, JP모건, 스미토모 은행 등 전 세계 금융기관 400여 개가 입주하여 고객들에게 서비스를 제공하고 있다. 금융센터이지만 호텔, 레스토랑, 공연장 등도 함께 갖추고 있어 건물 자체가 금융 허브 구실을 하고 있다. 한편, 아일랜드 증권거래소The Irish Stock Exchange, ISE도 1995년 런던으로부터 독립했다.

최근에는 해외 유학생 유치에도 적극 나서고 있다. 어학 연수생들로부터 매년 3억 유로를 벌어들이고 있는 아일랜드는, 대학생의 15%인 2만 4,000여 명의 해외 유학생을 유치함으로써, 매년 1억 4,000만 유로를 추가로 벌어들이고 있다.

다섯 번째는 자국 기업의 육성이다. 아일랜드 산업개발청IDA이 외자 유치에 초점을 맞추고 있다면 아일랜드 기업진흥청EI은 아일랜드 자국 기업의 육성과 해외 교류를 지원하기 위해 설립된 정부 기관이다. EI는 특히 대학과의 산학産學 협동을 중시한다. 그뿐만 아니라 자국 기업의 육성을 위한 창업지원 프로그램도 강화하고 있다. 현재 아일랜드에는 19개 대학에 '교내 기업 양성소Campus Incubation'가 있는데, 이는 EI와 대학이 연계한 아일랜드식 산학협력기관이다. 주로 IT(Information Technology, 정보 기술)와 BT(Bio Technology, 생명공학 기술)를 다루는 1~10명 규모의 미니 벤처들이 대학 당 20~30개씩 입주해 있다. 대학은 약간의 임대료를 받고 연구·개발 지원을 해주고, 학생들은 이곳에서 프로젝트를 수행하거나 창업을 하기도 한다. '아이오나 테크놀로지IONA Technologies'는 지난 1991년 트리니티대학 컴퓨터학부 학생들이 세운 벤처업체였으나, 지금은 7천 400만 달러의 매출을 자랑하는 세계적 소프트웨어업체로 성장했다. 이들은 미국 보잉사의 조립·구매·판매 프로그램을 한꺼번에 연결해주는 소프트웨어를 개발하여 일약 스타 기업으로 떠올랐고, 나스닥에 상장되기도 했다.

하지만 잘 나가던 아일랜드의 경제는 2002~2003년 잠시 주춤했다. 9·11 테러 이후 주력 업종인 IT 경기가 침체한 데다 갑작스런 고성장 때문에 고임금·고비용 구조가 발목을 잡기 시작한 것이다. 때마침 인건비가 아일랜드의 10분의 1 수준인 동유럽이 속속 시장 개방을 단행하면서 외국 공장들을 빨아들였다. 네트워크 장비 업체인 쓰리콤(3COM)은 R&D(Research and Development: 연구 및 개발) 기지만을 남기고 아일랜드에서 공장을 철수했고, 전자부품업체인 프랑스 슈나이더도 26년 동안 운영하던 공장을 체코로 이전했다.

이처럼 외국 자본이 빠져나가면서 경제가 잠시 흔들리자, 외부에선 "자기 산업도 없이 외자 유치에만 주력하더니 역시"라며 비아냥거렸다. 그러나 아일랜드는 이를 코웃음 치듯 다시 급상승 커브를 그리고 있다. 영국의 『이코노미스트』 지誌는 이를 두고 '타이거리시Tigerish'라는 새로운 표현을 썼다. 아일랜드가 슬럼프에서 쉽게 벗어날 수 있었던 것은, 투자 유치 대상을 '가능한 한 모든 외국 기업'에서 '고부가가치 첨단 외국 기업'으로 수정하고, 집중적인 지원책을 일관되게 폈기 때문이다 (주간조선 14-20).

여섯 번째는 실용적이고 유연한 교육개혁이다. 아일랜드 경제 발전의 저력은 1960년대부터 시작된 실사구시實事求是형 교육에 있으며, 만 15세 '예비 노동자'를 대상으로 한 '전환학년제(Transition Year System: 중등학교 3학년 과정을 마친 학생들이 곧바로 4학년으로 진입하는 대신 1년 동안 갖는 진로 탐색 기간)'만 보아도 그 지향점을 알 수 있다. 아일랜드는 정부, 교육기관, 학부모들이 참여하는 '아일랜드 포럼'을 구성하여 전반적인 교육정책을 논의하며, 기업체의 인력 수요를 결정하고, 대학의 학과 신설과 정원 문제를 협의한다. 아일랜드의 마틴 산업부 장관은, "21세기에는 기술력과 세일즈·마케팅 능력을 겸비한 인재가 국가의 재원"이라면서, 아일랜드 교육의 가장 큰 특징은 '수요자 중심의 대학 교육'이라고 말한 바 있다. 즉, 정부가 돈을 대면 대학과 기업이 머리를 맞대고 연구하여 일자리를 창출한다는 것이다. 가장 대표적인 것이 '교내 기업 양성소'이다. 이는 2000년 이후 전국 주요 19개 대학이 앞장서서 만든 벤처 육성기관으로, '제2의 구글(미국의 벤처기업)'을 꿈꾸는 학생들의 연구·개발과 창업을 지원한다.

한편, '아일랜드 과학재단Science Foundation Ireland, SFI'은 6억 3,500백만 유로의 정부 예산을 투입하여 생명공학 기술BT과 정보통신 기술ICT 분야의 연구를 주도하고 있다. 그뿐만 아니라 과학과 공학 분야의 박사 학위 소지자를 두 배로 늘리는 캠페인도 벌이고 있으며, 훌륭한 외국 과학자와 연구자가 아일랜드에 와서 연구할 수 있도록 기금을 조성하고 있다. 빌 해리스Bill Harris 재단 이사장은, "아일랜드가 과학 및 과학자 친화적으로 되도록 하는 것이 재단의 목적"이라고 말한 바 있다.

일곱 번째는 많은 수의 젊고 유능하며 영어를 말할 수 있는 노동 인구이다. 아일랜드는 여타의 유럽 국가들보다 베이비 붐Baby Boom이 오랫동안 지속되었다. 하지만 1950년대부터 1960년대까지 이어진 해외 이민으로 인해, 연금을 받는 노령 인구가 극히 적은 것이 특징이다. 25세 미만의 인구가 40%로 EU 국가들의 29~32%보다 훨씬 높은 편이다. 한편, 아일랜드로의 인구 유입은 그동안 꾸준히 증가하여 지금은 전체 인구가 460만에 달한다. 이 중에서 70%나 되는 많은 수의 사람들이 노동 시장에서 일하고 있다.

여덟 번째는 낮은 세금이다. 아일랜드는 1960년대와 1970년대의 과중한 세금 탓에 소비가 위축되고 가계에 큰 부담이 되었다. 하지만 1990년대 초부터는 세금이 획기적으로 낮아짐으로써 경제 활성화에 큰 도움이 되었다.

이러한 요인要因들로 인해 서유럽의 끝자락에 붙어 있는 작은 섬나라 아일랜드는 2008년 9월 미국 발發 글로벌 금융위기 이전까지 '켈틱 타이거'로 불렸다. 1973년 '유럽경제공동체'에 가입하면서 성장의 발판을 마련했고, 1990년대 중반부터 부동산 거품이 붕괴되기 직전인 2007년까지 글로벌 저低금리 시대의 도래와 세계적 유동성 과잉에 힘입어 12년간 연평균 7%씩 경제가 성장했다. 금융 산업을 육성하고 낮은 법인세로 1,500여개 이상의 해외 기업을 유치한 덕분이었다. 1인당 GDP는 한때 유럽에서 2위까지 올랐으며, 1인당 국민소득 5만 달러를 뛰어넘었다.

하지만 2008년 미국 금융회사 리먼 브라더스Lehman Brothers Holdings Inc. 파산의 여파로 금융위기가 터지자, 자금이 순식간에 빠져나갔다. 부동산 버블이 꺼지고 남은 것은 빚뿐이었다. 2010년 아일랜드의 GDP 대비 재정적자 비율은 30%를 웃돌았고, 그해 11월 국제통화기금IMF, 유럽중앙은행ECB, 유럽연합EU 등 국제 채권단으로부터 850억 유로(약 122조 원)의 구제금융을 받았으며, 2011부터 2014년까지 4년간 재정 긴축을 통해 150억 유로를 감축한다는 약속을 했다. 유럽 국가 중 가장 먼저 불황recession의 늪에 빠진 것이다. 전 세계적으로 '아일랜드 따라 배우기' 열풍을 몰고 왔던 유럽의 '경제 모범생', '작지만 강한 나라', '유럽 최고의 성장 국가' 등으로 칭송받던 아일랜드가 몇 년간의 방심과 금융위기 한방에 이빨 빠진 호랑이 신세로 전락하여, 다시금 1980년대의 암울한 시절로 회귀하는 비극을 자초했다. 유럽의 최빈貧국이었던 아일랜드가 우등생으로 급부상했다가 다시금 문제아로 전락한 것이다.

아일랜드 경제의 발목을 잡은 것은 부동산 투기였다. 경제 호황이 이어지자 2000년대 들어 저금리와 대출 규제 완화로 부동산 광풍狂風이 불었다. 부동산 광풍은 아일랜드의 수출이 정체 조짐을 보인 2001년부터 시작되었다. 은행은 주택 매입자금의 100%를 저리低利로 대출해주고, 정부도 인센티브를 제공함으로써 부동산 개발을 부추겼다. 1년에 건설되는 주택의 숫자가 아일랜드보다 인구가 15배나 많은 영국과 비슷할 정도였다. 건설업이 GDP에서 차지하는 비중이 한때 20%에 육박했고, 건설업 고용이 전체 고용 인구의 15%까지 치솟았다. 제조업에서 건설업으로 인력이 대거 이동했고, 모든 산업의 임금 수준이 급격히 올라가면서 전체 산업의 경쟁력을 떨어뜨렸다.

그러나 2008년 글로벌 금융위기로 아일랜드의 부동산 시장도 침몰했다. 10여 년 동안 3배로 급등했던 부동산 가격은 2008년 이후 정확히 반 토막이 났다. '묻지 마 대출'을 일삼던 아일랜드의 은행들은 파산 선고를 받았다. 부동산 담보대출이 전체 대출의 60%를 차지하는 금융권의 주가는 90% 이상 폭락했고, 실업률은 10% 대에 근접했다. 아일랜드 정부는 은행들의 파산을 막기 위해 350억 유로를 긴급 투입했다. 건설업이 붕괴되면서 세수稅收마저 급감하여, 줄곧 흑자를 내던 정부 재정이 적자로 돌아섰고, 정부가 파산 위기에 몰렸다. 민간의 위기가 정부의 위기로 전이轉移되었기 때문이다. 이처럼 아일랜드의 성과 지수가 최하위권으로 떨어진 것은 부동산 버블 및 이로 인한 금융권의 부실 때문이었다. 아일랜드는 1999년 출범한 유로화를 도입하면서 금융 산업에 지나치게 의존했고, 그 결과 주택시장의 대출 부실로 촉발된 미국발發 금융위기에 고스란히 노출되었다. 따라서 위기 발생 이후 주가와 국채 수익률이 큰 폭으로 오르내리면서 극심한 금융시장의 불안정에 시달렸다.

한편, 2008년 이후 지속된 경기 침체와 높은 실업률 등의 경제 위기는 아일랜드인의 어두운 이민사, 즉 '아일랜드 엑소더스Irish Exodus'를 재연시켰다. 2008년부터 2011년까지 아일랜드 인구의 3%가 넘는 15만 명 이상이, 이후에는 해마다 평균 4만여 명이 해외로 이민을 떠났다. 특히 젊은 층이 많이 나갔다. 경기 침체로 일자리가 줄어들고, 호황 때 4%까지 낮아졌던 실업률이 갑자기 14.45%로 치솟았기 때문이다. 19세기 중반 주식主食 작물인 감자 대기근으로 100만 명 이상이 아일랜드를 떠난 상황과 비슷하다는 흉흉한 이야기도 나돌았다.

하지만 2008년 글로벌 금융위기의 여파로 휘청대던 아일랜드의 경제가 다시 회복 조짐을 보이고 있다. 2010년대 말 IMF 구제금융을 받은 이후 원칙을 지킨 경제정책, 강력한 긴축재정, 구조조정, 제조업 경쟁력 제고, 개방화, 다국적 기업 및 투자 유치, 규제 완화 등의 정책을 펴면서, 복지혜택 축소, 공무원 임금과 연금

삭감, 공무원 감축 등과 같은 고통을 감내해온 아일랜드가, 마침내 2013년 12월 15일 재정 위기 이후 구제금융을 받던 유로존(Eurozone, 유로화를 쓰는 17개국) 4개국(아일랜드, 스페인, 그리스, 포르투갈) 가운데 처음으로 '구제금융 딱지'를 떼고 '깨끗한 졸업'을 했다.

몇 년간의 고통 끝에 구제금융 위기에서 벗어난 아일랜드는 현재 유럽에서 가장 높은 경제 성장률(7.8%)을 자랑하고 있다. 아일랜드의 경제 가치는 '켈틱 타이거'로 불렸던 2007년보다 56% 증가한 3000억 유로(약 384조원)에 달한다. 16%까지 치솟았던 실업률도 4~5%로 2008년 5월(5.9%) 이후 가장 낮은 수치이다. 한때 금융위기에 몰렸던 아일랜드가 8년 만에 선진국 중 가장 빠른 성장세를 보이며 '켈틱 호랑이 2.0'으로 부활하여 다시 포효하고 있다. 요즈음 아일랜드의 경제성장은 2008~2010년 당시 건설 경기가 주도했던 붐과는 질적으로 다르다는 분석이 나온다. 블룸버그통신은 "부동산과 금융의 허브 대신 제조업과 정보기술IT의 허브로 산업 구조를 바꾸면서 경제의 펀더멘털(토대)이 튼튼해졌다"고 평가했다.

요즈음 아일랜드는 제2의 도약을 꿈꾸고 있다. 더블린의 그래프턴 거리Grafton Street는 연일 붐비고 있다. 식당에는 지역 사람과 관광객들로 넘쳐나 빈자리를 찾기가 어렵다. 백화점과 상점 점원들은 밀려드는 손님을 응대하느라 정신이 없다. 또한, 더블린 시내 중심가에선 전철tram 공사가 한창이다. 트램 연결 공사는 경제적으로 부활하는 아일랜드를 한눈에 보여주는 현장이다. 2010년 구제금융을 받은 이후 2014년까지 30만 명이 해외로 이민을 떠났지만, 지금은 해외로 나갔던 젊은이들이 고국으로 속속 유턴하고 있다. 하지만 일부 외신들은 아일랜드인에게 과거의 교훈을 잊지 말 것을 조언한다. 최근 20년 동안 '경기 붐'과 '갑작스러운 거품 붕괴'의 온탕과 냉탕을 오가는 악순환을 경험한 나라이기 때문이다. 그뿐만 아니라 아일랜드는 브렉시트(Brexit: 영국의 유럽연합 탈퇴)의 도전을 눈앞에 두고 있다. 최대 수출국인 영국이 브렉시트 이후 힘들어지면 아일랜드의 경제도 흔들릴 것이라는 우려가 있다. 이러한 우려들을 잠재우기 위해서는 아일랜드 경제가 안고 있는 다음과 같은 구조적인 문제들을 극복할 필요가 있다.

첫 번째는 거시 경제적인 측면에서 재정의 건전성을 유지하는 문제이다. 아일랜드에서는 현재 IT 인프라가 빠르게 구축되는 반면, 교통·통신 시설과 같은 인프라는 아직도 열악한 실정이다. 아일랜드에는 고속도로인 'M' 도로가 더블린 주변에만 짧게 놓여 있을 뿐, 조금만 시골로 가면 왕복 2차선 도로가 대부분이다. 따라서 아일랜드 정부는 재정의 건전성을 해치지 않으면서도 사회간접자본을 확충할 수 있는 방안을 찾기 위해, 진지하게 고민해야 한다.

두 번째는 효율적인 통화정책의 운용이다. 아일랜드는 지금 낮은 이자율과 높은 경제성장에 따른 인플레이션으로 인해 임금 인상, 경쟁력 약화, 부동산값 폭등 등 갖가지 성장의 병폐가 드러나고 있다. 이를 극복하기 위해서는 적절한 통화정책의 운용이 요구된다.

세 번째는 자국 산업 기반의 취약성이다. 아일랜드의 경제는 전통적인 농업사회에서 산업화의 과정을 거치지 않고 곧바로 하이테크 사회로 진입하였다. 이 경우 해외 자본과 투자가 경제성장의 버팀목이었다. 그 결과 아일랜드 경제는 해외 자본(특히 미국 자본)에 대한 의존도가 특히 심해서 대외 경제의 여건에 따라 쉽게 영향을 받는 경향이 있다. 따라서 자국 기업의 견실한 육성과 생산성 향상이 경제 발전을 지속시키는 주요 수단이 되어야 한다.

네 번째는 선진사회의 증후군이다. 아일랜드는 오늘의 경제 발전을 이루기까지 EU 보조금, 유로화 사용국으로서 누리게 된 낮은 이자율, 풍부한 젊은 노동력 등의 혜택을 충분히 이용했다. 그러나 이미 선진국 대열에 올랐기 때문에, 앞으로 두 번 다시 이러한 혜택을 누릴 수 있다는 보장이 없다. 또한, 선진국 증후군인 출산율의 감소와 노령 인구의 증가는 미래의 아일랜드 경제에 먹구름을 드리울 것이다.

다섯 번째는 도시의 인구집중으로 인해 발생하는 교통, 주택, 상하수도, 범죄 등의 문제이다. 아일랜드 전체 인구의 1/3이 사는 수도 더블린은 이미 포화 상태로 GDP의 40%를 떠안고 있다. 환경오염, 교통체증, 주택 부족 등은 이미 심각한 수준에 이르렀다. 따라서 지방 분권화를 통한 국토의 균형발전이 절실한 형편이다.

여섯 번째는 시골과 도시, 못사는 사람과 잘사는 사람 간의 빈부 격차이다. 아일랜드가 이룬 급격한 경제성장은 독일, 네덜란드 등과 같은 유럽 국가들보다 빈부 격차의 골을 더 깊게 했다. 그러므로 부의 공정한 분배를 통해 사회정의를 실현하는 것이 시급한 문제 중 하나이다.

일곱 번째는 다인종·다문화 사회에서의 적응의 문제이다. 아일랜드는 최근까지 비교적 동질화 사회였다. 하지만 급격한 경제성장으로 인해 해외로부터 많은 수의 이민자, 노동자, 난민難民들이 몰려들어 사회의 양상을 송두리째 바꿔 놓고 있다. 조용하던 아일랜드가 성장통成長痛도 함께 겪고 있는 것이다. 따라서 열린 마음으로 개방화 사회에 적응하는 것은 21세기를 살아가는 아일랜드인들에게 달려있다.

아일랜드인의 생활

음식 문화

한때 데니스 리어리Denis Leary가 "아일랜드 음식은 요리가 아니라 고행이다"라고 언급했듯이, 오랫동안 아일랜드인은 음미하기 위해서가 아니라 생존을 위해 음식을 먹어왔다. 하지만 그런 시절은 지나간 지 오래다. 지금은 수많은 요리사가 아일랜드에서 생산되는 천연의 식자재와 전통조리법을 이용하여 '새로운 스타일의 아일

아이리시 쿠킹

랜드 요리New Irish Cuisine'를 선보이고 있다. 또한, 대도시와 중소도시에서 우후죽순처럼 생겨나는 레스토랑들은 세계 각국의 이름난 요리를 즐길 수 있도록 해준다. 이처럼 아일랜드는 21세기에 '음식의 나라Food Island'로 거듭나서 미식가들의 까다로운 입맛에 부응하고 있다.

아침 정찬(The Traditional Irish Breakfast)　전통적으로 아일랜드인은 푸짐한 아침 식사로 하루의 일과를 시작했다. 예전에는 사람들이 주로 농업과 목축에 의존했기 때문에 배고픔을 달래기 위해서였다.

아일랜드식 아침 정찬은 'The Full Irish Breakfast' 또는 'The Irish Fry'라고도 하는데, 얇게 썬 베이컨 2쪽, 소시지 2개, 달걀 프라이 1개, 반쯤 구운 토마토 2쪽, 블랙 푸딩과 화이트 푸딩(돼지 피로 만듦), 소다 빵soda bread·감자 빵potato bread·토스트toast 등으로 구성되며, 보통 시리얼이나 주스와 함께 먹는다. 북아일랜드에서는

여기에 감자 케이크와 소다 팔soda farl이 추가된 '얼스터 프라이The Ulster Fry'를 먹는다. 하지만 요즈음에는 시리얼, 토스트, 주스, 차茶 등으로 아침 식사는 가볍게 하고, 헤비한 정찬은 브런치Brunch나 혹은 주말에만 즐기는 경향이 있다.

아이리시 커피(Irish Coffee)　1940년대 아일랜드 섀넌 공항Shannon Airport의 바텐더였

던 조 셰리단Joe Sheridan의 창안물이다. 당시 미국에서 아일랜드로 입국하는 탑승객들은 경유지로 섀넌 공항에서 한두 시간 동안 머물렀는데, 이때 추위를 녹여줄 술을 찾아 공항에 있는 바에 들르곤 했다. 이를 본 셰리단은 커피, 위스키, 설탕을 섞어 그 위에 생크림을 얹는 아이리시 커피를 개발했다. 아이리시 커피는 추위에 몸을 녹여주기도 하지만, 헤비한 식사 후에 한잔하면 개운한 맛이 있다.

펍(Pub, Public House, Public Living Room)　　아이리시 문화는 펍에서 시작하여 펍에서 끝난다. 수도 더블린에만 대략 1,000여 개의 펍들이 있으며, 인구 200명 정도의 작은 마을에도 잡화 상점의 2배가 넘는 세 개나 네 개의 펍들이 있다. 남아일랜드에는 9,000여 개, 북아일랜드에는 1,200여 개의 펍들이 있다. 이들 펍은 교회와 함께 아일랜드인의 삶에서 아주 중요한 역할을 한다. 이곳은 누구나 사회적 신분, 지위, 세대, 국적, 인종, 종교, 성별, 나이 등에 상관없이 한 잔의 술로 고된 하루를 마감하고, 느긋한 분위기에서 함께 어울려 노래하고 춤추며, 이야기를 나누고, 열띤 토론을 벌이며, 아이디어를 생각해내고, 아마추어들의 공연을 즐기거나, 깊은 사색이나 명상에 빠지는 곳이다. 해외에 거주하는 아이리시들도 현지의 펍에서 동포로서의 동질성을 확인하고 떠나온 고국에 대한 향수鄕愁를 달랜다.

　　펍의 이름은 보통 주인의 이름을 본떠서 지어지며, 역사가 100여 년을 훨씬 넘는 펍들도 수두룩하다. 여러 사람이 펍에 갈 경우에는, 서로 돌아가면서 술잔이 빈 사람의 술을 선급으로 사는 것이 에티켓etiquette인데, 이를 'Rounds System'이라고 한다. '건배'는 게일어로 'Slainte!(발음: 슬란채[slawn-cha])'라고 하며, 이는 영어의 'Cheers!'와 마찬가지로 '건강을 위하여'라는 뜻이다.

아이리시 펍의 모습

기네스(Guinness) 맥주　　1759년 12월, 당시 34세였던 아서 기네스Arthur Guinness, 1725~1803는 더블린 시내의 가동을 중단한 작은 양조장St. James' Gate Brewery을 인수하여 일반 맥주 제조를 시작했다. 임대료로 매년 45파운드를 9,000년 동안 지급하고, 물은 무료로 사용한다는 조건이었다. 얼마 뒤 런던으로부터 '포터(Porter: 런던 시장의 짐꾼들이 마시는 값이 싼 맥주로, 잔 속에 떠다니는 불순물을 감추기 위해 시커멓게 볶은 보리로 만든 흑맥주의 명칭, 혹은 라틴어로 'to carry'를 의미하는 'portare'에서 유래한 말)'라고 불리는 흑맥주가 더블린에 들어와서 인기를 누리기 시작했다. 1770년대 더블린의 모든 맥주 제조업자들이 혀만 차고 있을 때, 아서 기네스는 1799년 흑맥주 제조를 본격적으로 시작했다(원료는 보리, 호프, 이스트, 물). 4년 후 그가 83세의 일기로 세상을 떠나자, 그의 두 아들이 양조장(양조장의 명칭: Guinness & Sons Co)을 인수했으며, 1833년에는 아일랜드에서 가장 큰 양조장으로 자리매김했다. 오늘날은 세계적으로 유명한 흑맥주로 정평이 나 있으며 아프리카나 서인도제도로까지 수출하고 있다.

　　'Porter' 혹은 'Stout'라 불리는 흑맥주는 진짜 기네스와 구별하기 위해 나중에 'Plain'이라 불렸다. 아일랜드에는 기네스 맥주와 경쟁을 벌이는 'Beamish'와 'Murphy's'라는 두 종류의 흑맥주가 더 있는데, 이들은 주로 아일랜드의 남부에서 인기가 있다. 한편, 아일랜드의 맥주 맛이 좋은 이유는 두꺼운 토탄peat, turf 층을 통과함으로써 자연적으로 정제된 깨끗한 물로 만들어지기 때문이다.

　　1961년부터 만들기 시작한 기네스 생맥주는 거품 때문에 한 파인트(pint: 570ml)를 따르는데 약 5분 정도 걸린다. 바텐더가 맥주잔에 술을 따를 때, 처음 따른 후

거품이 없어질 때까지 잠시 기다린 다음 다시 잔을 채우기 때문이다. 잔에 담긴 맥주가 짙은 검은 색을 띠고, 잔 위에 떠 있는 적당량의 흰 거품이 맥주를 다 마실 때까지 남아있어야 제맛이다.

　　주문은 보통 파인트pint 단위로 하며, 절반의 양을 원할 때는 '글라스a glass' 혹은 '하프a half', '하프 파

기네스 맥주

인트a half-pint'라고 말하면 된다. 더블린에 있는 기네스 공장(The Guinness Storehouse at St James' Gate Brewery)을 방문하면 전망대Gravity Bar에서 더블린 시내를 관망하며 무료 시식을 즐길 수 있다.

아이리시 위스키(Irish Whiskey)   'uisce beatha(발음: *ish-ka ba-ha*, 뜻: water of life)'로부터 유래한 위스키(스코틀랜드산 위스키의 철자는 'whisky'인데 반해, 아이리시 위스키의 철자가 'whiskey'인 이유는, 20세기부터 아일랜드 위스키 제조업자들이 차별화를 위해 고의로 'e'를 추가했기 때문임)는 10세기경에 아일랜드의 수사修士들이 아라비아로부터 증류기술을 들여와 수도원 내에서 제조한 것으로 알려져 있다.

스코틀랜드산 위스키와 아일랜드산 위스키는 제조과정에 다음과 같은 차이점이 있다. 우선, 스코틀랜드에서는 맥아 보리를 노천의 화덕에서 토탄불로 말리지만, 아일랜드에서는 연기가 없는 밀폐된 가마에서 말린다. 또한, 스코틀랜드 위스키Scotch는 두 번의 증류 과정을 거치는 데 반해 아이리시 위스키는 세 번의 증류 과정을 거친다. 그뿐만 아니라 스코틀랜드의 보그(bog, 늪) 층보다 아일

아이리시 위스키

랜드의 보그 층이 훨씬 더 두텁기 때문에 물맛이 더욱 좋고 보그 특유의 향까지 배어나는 것이 특징이다. 이 때문에 스카치가 훈제된 맛을 띠는 데 반해 아이리시 위스키는 매우 순수하고 깨끗한 맛을 낸다.

세계에서 가장 오래된 위스키 양조장은 앤트림 주州 해안가에 있는 부시밀Bushmills인데, 1608년부터 위스키를 제조해오고 있다. 또한, 가장 인기가 있고 널리 애용되는 아이리시 위스키로는 부시밀Bushmills, 제임슨Jameson, 파워스Power's, 패디Paddy, 탈라모어 듀Tullamore Dew, 로크스Locke's 등이 있다.

위스키 양조장

포친(Poteen)　　포친(발음은 ‘po-cheen’이며, ‘밀주’라는 뜻)은 곡류나 감자를 재료로 아일랜드 전역에서 불법적으로 만들어지는 밀주를 의미한다. 19세기 초에는 아일랜드 전역에 2,000여 포친 제조업자가 있었다. 보통은 ‘패디의 눈물(Paddy's eyewater: ‘패디’는 아일랜드 사람을 일컫는 말)’로 불린다.

주거문화

주택　　아일랜드의 전통적인 주거 형태는 건물 정면에 앞문이 있고 주변에(특히 건물의 앞과 뒤에) 정원이 딸린 2층짜리 단독주택(디테치드 하우스, Detached House)이다. 이들 대부분은 벽돌로(가끔은 돌로) 지어지며, 지붕은 타일로 되어있다. 인구의 80% 이상이 디테치드 하우스에 살고 있으며, 나머지는 세미 디테치드 하우스(Semi-detached Houses: 공통의 벽을 사이에 두고 두 채의 집이 나란히 붙어 있는 주택), 테라스드 하우스(Terraced Houses: 같은 구조의 집들이 옆으로 3채 이상 붙어 있는 집으로 일명 ‘타운 하우스’라고도 함), 듀플렉스 하우스(Duplex Houses: 1층에서 3층 또는 4층으로 된 2세대용 공동주택), 아파트(Flats: 3~5층으로 된 아파트), 방갈로(Bungalows, 조그만 단층집), 스튜디오 플랫(Studio Flats, 원룸 형태의 주거 공간), 코티지(Cottages: 옛 시골집) 등에서 산다. 단독주택의 경우 1층에는 1개 이상의 거실과 식당 그리고 부엌이, 2층에는 3~4개의 침실과 1~2개의 욕실이 배치되어 있다. 또한, 집 뒤에는 가라지(Garage, 창고)가 정원에 딸려 있다.

시골 코티지

비 앤 비(Bed and Breakfast, B & B)　　아일랜드를 여행하는 여행객들은 대부분 '비 앤 비'에서 투숙하는데, 이는 말 그대로 침대 하나와 다음 날 아침 식사가 제공되는 숙소로, 우리나라식으로 말하자면 민박과 같은 곳이다. '비 앤 비'는 아일랜드의 어느 도시나 마을을 가도 쉽게 찾아볼 수 있으며, 짧은 시간 내에 아일랜드인의 생활과 문화를 체험해보고 싶다면 '비 앤 비'에서 체류해보는 것도 의미가 있다. 다만 대부분의 '비 앤 비'는 규모가 작으므로 여러 명이 함께 투숙할 경우에는 호텔, 유스 호스텔Youth Hostel 등과 같은 여타의 숙박시설을 이용하는 것이 바람직하다.

비 앤 비

참고문헌

권재현. 「동아일보 공연 리뷰」(2010. 3. 9). 동아일보사.

김기홍. 「조선경제 심층 분석」(2012. 1. 4). 조선일보사.

김순덕. 「동아일보 김순덕 칼럼」(2008. 1. 18). 동아일보사.

박영배. 『앵글로색슨족의 역사와 언어』. 지식산업사, 2001.

박우룡. 『영국: 지역·사회·문화의 이해』. 소나무, 2002.

박일우. 『서유럽의 민속음악과 춤』. 한양대학교출판부, 2001.

박지향. 「동아일보 동아광장」(2007. 10. 17). 동아일보사.

박지향. 『슬픈 아일랜드』. 새물결, 2002.

서혜숙. 『아일랜드 요정의 세계』. 건국대학교출판부, 2004.

송현옥. 「동아일보 문화칼럼」(2006. 10. 25). 동아일보사.

수전 캠벨 바톨레티, 곽명단 옮김. 『검은 감자: 아일랜드 대기근 이야기』. 돌베개, 2001.

신은진. 「조선경제」(2018. 6. 15). 조선일보사.

아일랜드 드라마연구회. 『아일랜드, 아일랜드』. 이화여자대학교출판부, 2008.

영미문학연구회. 『영미문학의 길잡이 1: 영국문학』. 창작과비평사, 2001.

윤정모. 『슬픈 아일랜드 1』. 열림원, 2000.

이성훈. 「조선일보」(2013. 11. 16). 조선일보사.

이승호. 『이승호 교수의 아일랜드 여행지도』. 푸른길, 2005.

이영완. 「조선일보 오피니언」(2013. 6. 13). 조선일보사.

임진평. 『두 개의 눈을 가진 아일랜드』. 위즈덤피플, 2008.

조신권. 『정신사적으로 본 영미문학』. 한신문화사, 1994.

주간조선 1848호(2005. 4. 4). 조선일보사.

페트리샤 레비, 이동진 옮김. 『아일랜드』. 휘슬러, 2005.

Breathnach, Breandán. *Folk Music and Dances of Ireland*. Ossian, 1996.

Killeen, Richard. *A Short History of Ireland*. Gill & Macmillan, 1994.

Levy Pat & Seán Sheehan. *Ireland*. Footprint, 2005.

Levy, Patricia. *Culture Shock: Ireland*. Marshall Cavendish International (Asia) Private Ltd.,
    2005.

O hEithir, Breandán. *A Pocket History of Ireland*. The O'Brien Press Ltd., 2000.

Scott Stanley & Dorothea E. Hast. *Music in Ireland*. Oxford: Oxford UP, 2004.

Steves Rick & Pat O'Connor. *Ireland 2016*. Avalon Travel, 2015.

찾아보기

ㄴ

ㄷ

ㄹ

■

ㅅ

ㅇ

E